KB215919

"여호와께서 아브람에게 이르시되
너는 너의 고향과 친척과 아버지의 집을 떠나
내가 네게 보여 줄 땅으로 가라
내가 너로 큰 민족을 이루고 네게 복을 주어
네 이름을 창대하게 하리니 너는 복이 될지라"

오늘의 성경 말씀

기억에 남는 구절

묵상 & 깨달음

오늘의 계획

AM 6	
7	
8	
9	
10	
11	
PM 12	
1	
2	
3	
4	
5	
6	
7	
8	
9	
10	
11	
12	

오늘의 기도

오늘의 성경 말씀

기억에 남는 구절

묵상 & 깨달음

오늘의 계획

AM 6	
7	
8	
9	
10	
11	
PM 12	
1	
2	
3	
4	
5	
6	
7	
8	
9	
10	
11	
12	

오늘의 기도

오늘의 성경 말씀

기억에 남는 구절

묵상 & 깨달음

오늘의 계획

AM 6	
7	
8	
9	
10	
11	
PM 12	
1	
2	
3	
4	
5	
6	
7	
8	
9	
10	
11	
12	

오늘의 기도

오늘의 성경 말씀

기억에 남는 구절

묵상 & 깨달음

오늘의 계획

AM 6	
7	
8	
9	
10	
11	
PM 12	
1	
2	
3	
4	
5	
6	
7	
8	
9	
10	
11	
12	

오늘의 기도

오늘의 성경 말씀

기억에 남는 구절

묵상 & 깨달음

오늘의 계획

AM 6	
7	
8	
9	
10	
11	
PM 12	
1	
2	
3	
4	
5	
6	
7	
8	
9	
10	
11	
12	

오늘의 기도

/

오늘의 성경 말씀

기억에 남는 구절

묵상 & 깨달음

오늘의 계획

AM 6	
7	
8	
9	
10	
11	
PM 12	
1	
2	
3	
4	
5	
6	
7	
8	
9	
10	
11	
12	

오늘의 기도

오늘의 성경 말씀

기억에 남는 구절

묵상 & 깨달음

오늘의 계획

AM 6	
7	
8	
9	
10	
11	
PM 12	
1	
2	
3	
4	
5	
6	
7	
8	
9	
10	
11	
12	

오늘의 기도

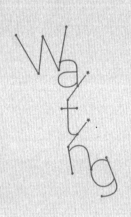

"천사가 이르되 무서워하지 말라
보라 내가 온 백성에게 미칠
큰 기쁨의 좋은 소식을 너희에게 전하노라
오늘 다윗의 동네에 너희를 위하여
구주가 나셨으니 곧 그리스도 주시니라"

오늘의 성경 말씀

기억에 남는 구절

묵상 & 깨달음

오늘의 계획

AM 6	
7	
8	
9	
10	
11	
PM 12	
1	
2	
3	
4	
5	
6	
7	
8	
9	
10	
11	
12	

오늘의 기도

오늘의 성경 말씀

기억에 남는 구절

Waiting

묵상 & 깨달음

오늘의 계획

AM 6	
7	
8	
9	
10	
11	
PM 12	
1	
2	
3	
4	
5	
6	
7	
8	
9	
10	
11	
12	

오늘의 기도

오늘의 성경 말씀

기억에 남는 구절

묵상 & 깨달음

오늘의 계획

AM 6
7
8
9
10
11
PM 12
1
2
3
4
5
6
7
8
9
10
11
12

오늘의 기도

오늘의 성경 말씀

기억에 남는 구절

묵상 & 깨달음

오늘의 계획

시간	
AM 6	
7	
8	
9	
10	
11	
PM 12	
1	
2	
3	
4	
5	
6	
7	
8	
9	
10	
11	
12	

오늘의 기도

오늘의 성경 말씀

기억에 남는 구절

묵상 & 깨달음

오늘의 계획

AM 6	
7	
8	
9	
10	
11	
PM 12	
1	
2	
3	
4	
5	
6	
7	
8	
9	
10	
11	
12	

오늘의 기도

오늘의 성경 말씀

기억에 남는 구절

묵상 & 깨달음

오늘의 계획

AM 6	
7	
8	
9	
10	
11	
PM 12	
1	
2	
3	
4	
5	
6	
7	
8	
9	
10	
11	
12	

오늘의 기도

오늘의 성경 말씀

기억에 남는 구절

묵상 & 깨달음

오늘의 계획

AM 6	
7	
8	
9	
10	
11	
PM 12	
1	
2	
3	
4	
5	
6	
7	
8	
9	
10	
11	
12	

오늘의 기도

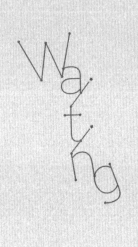

"말씀이 육신이 되어 우리 가운데 거하시매
우리가 그의 영광을 보니 아버지의 독생자의
영광이요 은혜와 진리가 충만하더라"

오늘의 성경 말씀

기억에 남는 구절

묵상 & 깨달음

오늘의 계획

AM 6	
7	
8	
9	
10	
11	
PM 12	
1	
2	
3	
4	
5	
6	
7	
8	
9	
10	
11	
12	

오늘의 기도

오늘의 성경 말씀

기억에 남는 구절

묵상 & 깨달음

오늘의 계획

AM 6	
7	
8	
9	
10	
11	
PM 12	
1	
2	
3	
4	
5	
6	
7	
8	
9	
10	
11	
12	

오늘의 기도

오늘의 성경 말씀

기억에 남는 구절

묵상 & 깨달음

오늘의 계획

AM 6

7

8

9

10

11

PM 12

1

2

3

4

5

6

7

8

9

10

11

12

오늘의 기도

오늘의 성경 말씀

기억에 남는 구절

묵상 & 깨달음

오늘의 계획

AM 6	
7	
8	
9	
10	
11	
PM 12	
1	
2	
3	
4	
5	
6	
7	
8	
9	
10	
11	
12	

오늘의 기도

/

THU

오늘의 성경 말씀

기억에 남는 구절

묵상 & 깨달음

오늘의 계획

AM	6	
---	7	
	8	
	9	
	10	
	11	
PM	12	
	1	
	2	
	3	
	4	
	5	
	6	
	7	
	8	
	9	
	10	
	11	
	12	

오늘의 기도

오늘의 성경 말씀

기억에 남는 구절

묵상 & 깨달음

오늘의 계획

AM 6	
7	
8	
9	
10	
11	
PM 12	
1	
2	
3	
4	
5	
6	
7	
8	
9	
10	
11	
12	

오늘의 기도

오늘의 성경 말씀

기억에 남는 구절

묵상 & 깨달음

오늘의 계획

AM 6
7
8
9
10
11
PM 12
1
2
3
4
5
6
7
8
9
10
11
12

오늘의 기도

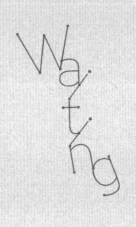

"이는 한 아기가 우리에게 났고 한 아들을
우리에게 주신 바 되었는데
그의 어깨에는 정사를 메었고
그의 이름은 기묘자라, 모사라
전능하신 하나님이라, 영존하시는 아버지라,
평강의 왕이라 할 것임이라"

/

오늘의 성경 말씀

기억에 남는 구절

묵상 & 깨달음

오늘의 계획

AM 6	
7	
8	
9	
10	
11	
PM 12	
1	
2	
3	
4	
5	
6	
7	
8	
9	
10	
11	
12	

오늘의 기도

오늘의 성경 말씀

기억에 남는 구절

묵상 & 깨달음

오늘의 계획

AM 6	
7	
8	
9	
10	
11	
PM 12	
1	
2	
3	
4	
5	
6	
7	
8	
9	
10	
11	
12	

오늘의 기도

오늘의 성경 말씀

기억에 남는 구절

묵상 & 깨달음

오늘의 계획

AM 6	
7	
8	
9	
10	
11	
PM 12	
1	
2	
3	
4	
5	
6	
7	
8	
9	
10	
11	
12	

오늘의 기도

WED

오늘의 성경 말씀

기억에 남는 구절

묵상 & 깨달음

오늘의 계획

AM 6	
7	
8	
9	
10	
11	
PM 12	
1	
2	
3	
4	
5	
6	
7	
8	
9	
10	
11	
12	

오늘의 기도

/

오늘의 성경 말씀

기억에 남는 구절

묵상 & 깨달음

오늘의 계획

AM	6
	7
	8
	9
	10
	11
PM	12
	1
	2
	3
	4
	5
	6
	7
	8
	9
	10
	11
	12

오늘의 기도

오늘의 성경 말씀

기억에 남는 구절

묵상 & 깨달음

오늘의 계획

AM 6	
7	
8	
9	
10	
11	
PM 12	
1	
2	
3	
4	
5	
6	
7	
8	
9	
10	
11	
12	

오늘의 기도

SAT

오늘의 성경 말씀

기억에 남는 구절

묵상 & 깨달음

오늘의 계획

시간	
AM 6	
7	
8	
9	
10	
11	
PM 12	
1	
2	
3	
4	
5	
6	
7	
8	
9	
10	
11	
12	

오늘의 기도

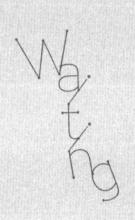

"베들레헴 에브라다야
너는 유다 족속 중에 작을지라도
이스라엘을 다스릴 자가
네게서 내게로 나올 것이라
그의 근본은 상고에, 영원에 있느니라"

오늘의 성경 말씀

기억에 남는 구절

묵상 & 깨달음

오늘의 계획

AM 6	
7	
8	
9	
10	
11	
PM 12	
1	
2	
3	
4	
5	
6	
7	
8	
9	
10	
11	
12	

오늘의 기도

오늘의 성경 말씀

기억에 남는 구절

묵상 & 깨달음

오늘의 계획

AM 6	
7	
8	
9	
10	
11	
PM 12	
1	
2	
3	
4	
5	
6	
7	
8	
9	
10	
11	
12	

오늘의 기도

/

오늘의 성경 말씀

기억에 남는 구절

Waiting

묵상 & 깨달음

오늘의 계획

AM 6	
7	
8	
9	
10	
11	
PM 12	
1	
2	
3	
4	
5	
6	
7	
8	
9	
10	
11	
12	

오늘의 기도

오늘의 성경 말씀

기억에 남는 구절

Waiting

묵상 & 깨달음

오늘의 계획

AM 6	
7	
8	
9	
10	
11	
PM 12	
1	
2	
3	
4	
5	
6	
7	
8	
9	
10	
11	
12	

오늘의 기도

오늘의 성경 말씀

기억에 남는 구절

묵상 & 깨달음

오늘의 계획

AM 6	
7	
8	
9	
10	
11	
PM 12	
1	
2	
3	
4	
5	
6	
7	
8	
9	
10	
11	
12	

오늘의 기도

오늘의 성경 말씀

기억에 남는 구절

묵상 & 깨달음

오늘의 계획

AM 6	
7	
8	
9	
10	
11	
PM 12	
1	
2	
3	
4	
5	
6	
7	
8	
9	
10	
11	
12	

오늘의 기도

오늘의 성경 말씀

기억에 남는 구절

묵상 & 깨달음

오늘의 계획

AM 6	
7	
8	
9	
10	
11	
PM 12	
1	
2	
3	
4	
5	
6	
7	
8	
9	
10	
11	
12	

오늘의 기도

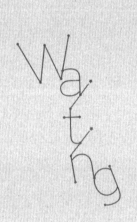

"보라 처녀가 잉태하여 아들을 낳을 것이요
그의 이름은 임마누엘이라 하리라 하셨으니
이를 번역한즉 하나님이 우리와 함께 계시다 함이라"

오늘의 성경 말씀

기억에 남는 구절

묵상 & 깨달음

오늘의 계획

AM 6	
7	
8	
9	
10	
11	
PM 12	
1	
2	
3	
4	
5	
6	
7	
8	
9	
10	
11	
12	

오늘의 기도

오늘의 성경 말씀

기억에 남는 구절

묵상 & 깨달음

오늘의 계획

AM 6		
7		
8		
9		
10		
11		
PM 12		
1		
2		
3		
4		
5		
6		
7		
8		
9		
10		
11		
12		

오늘의 기도

오늘의 성경 말씀

기억에 남는 구절

묵상 & 깨달음

오늘의 계획

AM 6	
7	
8	
9	
10	
11	
PM 12	
1	
2	
3	
4	
5	
6	
7	
8	
9	
10	
11	
12	

오늘의 기도

오늘의 성경 말씀

기억에 남는 구절

묵상 & 깨달음

오늘의 계획

AM 6	
7	
8	
9	
10	
11	
PM 12	
1	
2	
3	
4	
5	
6	
7	
8	
9	
10	
11	
12	

오늘의 기도

오늘의 성경 말씀

기억에 남는 구절

묵상 & 깨달음

오늘의 계획

AM 6	
7	
8	
9	
10	
11	
PM 12	
1	
2	
3	
4	
5	
6	
7	
8	
9	
10	
11	
12	

오늘의 기도

오늘의 성경 말씀

기억에 남는 구절

묵상 & 깨달음

오늘의 계획

AM 6
7
8
9
10
11
PM 12
1
2
3
4
5
6
7
8
9
10
11
12

오늘의 기도

오늘의 성경 말씀

기억에 남는 구절

묵상 & 깨달음

오늘의 계획

AM	6
	7
	8
	9
	10
	11
PM	12
	1
	2
	3
	4
	5
	6
	7
	8
	9
	10
	11
	12

오늘의 기도

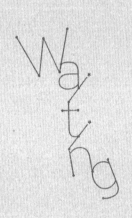

요 1:14

"말씀이 육신이 되어 우리 가운데 거하시매
우리가 그의 영광을 보니 아버지의 독생자의 영광이요
은혜와 진리가 충만하더라"

오늘의 성경 말씀

기억에 남는 구절

묵상 & 깨달음

오늘의 계획

AM 6	
7	
8	
9	
10	
11	
PM 12	
1	
2	
3	
4	
5	
6	
7	
8	
9	
10	
11	
12	

오늘의 기도

오늘의 성경 말씀

기억에 남는 구절

묵상 & 깨달음

오늘의 계획

AM 6	
7	
8	
9	
10	
11	
PM 12	
1	
2	
3	
4	
5	
6	
7	
8	
9	
10	
11	
12	

오늘의 기도

오늘의 성경 말씀

기억에 남는 구절

묵상 & 깨달음

오늘의 계획

AM 6	
7	
8	
9	
10	
11	
PM 12	
1	
2	
3	
4	
5	
6	
7	
8	
9	
10	
11	
12	

오늘의 기도

오늘의 성경 말씀

기억에 남는 구절

묵상 & 깨달음

오늘의 계획

AM 6	
7	
8	
9	
10	
11	
PM 12	
1	
2	
3	
4	
5	
6	
7	
8	
9	
10	
11	
12	

오늘의 기도

오늘의 성경 말씀

기억에 남는 구절

묵상 & 깨달음

오늘의 계획

AM 6

7

8

9

10

11

PM 12

1

2

3

4

5

6

7

8

9

10

11

12

오늘의 기도

오늘의 성경 말씀

기억에 남는 구절

묵상 & 깨달음

오늘의 계획

AM 6	
7	
8	
9	
10	
11	
PM 12	
1	
2	
3	
4	
5	
6	
7	
8	
9	
10	
11	
12	

오늘의 기도

오늘의 성경 말씀

기억에 남는 구절

묵상 & 깨달음

오늘의 계획

AM 6	
7	
8	
9	
10	
11	
PM 12	
1	
2	
3	
4	
5	
6	
7	
8	
9	
10	
11	
12	

오늘의 기도

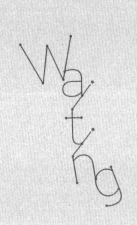

하나님의 백성만큼 '기다림'이란 주제와 강하게 연결된 사람들이 또 있을까? 믿음의 선조들은 주께서 이 세상에 오셔서 구속하실 날을 고대하며 기다렸던 분들이고, 우리 또한 다시 오시겠다고 약속하신 그분을 기다리는 존재들이지 않은가. 우리에게 기다림은 그리스도의 초림과 재림에만 국한되는 문제가 아니다. 신자의 삶은 전 영역이 기다림과 연결된다. 신앙은 기다림의 연속이라고 해도 과언이 아니다. 문제는 기다림이 생각보다 큰 고통을 양산한다는 것이다. 허망함, 회의감, 자책, 절망, 애끓음. 이 모든 것들은 무언가를 간절히 기다려 본 사람이라면 누구나 공감하는 고통들이다. 폴라 구더는 기다림이란 주제를 통해 아브라함, 선지자들, 세례 요한, 마리아의 삶을 예리하게 살핀다. 또한 깊은 통찰을 자신의 언어로 표현하여 기다림에 지친 신자들의 마음을 어루만지고, 하나님의 일의 속성을 알려주며, 기다림이 무엇을 만들어 내는지를 잘 보여준다. 무엇보다 '의미 없어 보이는 오늘'이란 시간을 새롭게 이해하도록 만들어 그 시간을 신실하게 살아갈 수 있도록 삶의 동력을 제공한다. 진지하게 이 책을 한 번 읽어보자. '기다림'에 대한 신학을 제대로 정립하는 결정적인 계기가 될 것이다.

김관성 | 행신교회 담임목사

기다림, 그것은 어떤 대상의 부재를 상정한다. 그 대상은 시간일 수도 있고 사람일 수도 있다. 현실이 각박할수록 기다림은 더욱 절박해진다. 기다림은 현재라는 시간의 무게를 견디게 해준다. 제국의 틈바구니에서 이리 차이고 저리 차이던 조국의 암담한 현실을 목도하며 아파하던 이사야는 육식동물과 초식동물이 평화롭게 공존하는 세상을 꿈꿨다. 미가는 나라마다 전쟁 무기를 녹여 살림의 도구를 만드는 시대를 내다보았다. 몽상은 현실에 근거하지 않은 꿈이지만, 이상은 현실을 외면하지 않은 채 품는 희망이다. 그리스도의 오심을 기다리는 이들은 몽상가가 아니다. 그들은 이미 오셨고 또 다시 오실 분을 기다리며, 그분의 꿈을 실현하기 위해 노력한다. 기다림은 수동적이지 않다. 그 미래의 시간을 선취하려는 것이기에 능동적이다. 막연한 기다림은 절망이나 권태로 귀결되지만, 약속에 근거한 기다림은 활기찬 삶을 낳는다. 폴라 구더의 『기다림의 의미』는 대림절에 우리가 기억해야 하는 인물들, 곧 아브라함, 선지자들, 세례 요한, 그리고 마리아의 기다림을 통해 우리의 기다림을 조망해준다. 평이한 듯하지만 단단한 신학적 기초 위에 세워진 이 놀라운 책은 우리도 하나님의 구원 이야기의 일부가 되라고 초대하고 있다.

김기석 | 청파교회 담임목사

멀찌감치 서서 따르던 베드로처럼, 동행하는 예수를 알아차리지 못하던 엠마오의 두 제자처럼, 나는 폴라 구더의 이 책을 읽었다. 아브라함에서부터 마리아에 이르는 하나님의 사람들이 하나님의 나라를 기다리는 이야기는, 대림절과 상관없이, 지금 우리의 시대가 기다림의 시기라는 것을 알려주었다. 그러고보니 누가복음은 하나님의 나라를 기다리는 사람에서 시작하고, 다시 오실 예수님을 기다리는 이야기로 끝난다. 나는 우리가 특별한 시기에 그 기다림을 집중적으로 성찰한다는 점에 설득되었고, 구더의 성경 해석 능력과 통찰력과 문장력에 매혹되었다. 나는 구더의 묵상이 열어젖힌 길을 따라 구더와 함께 걷기를 내 자유 의지로 선택했다. 하늘 나라에 대한 책으로 우리에게 당도한 구더가 이제 기다림에 관한 이야기로 더 친밀하게 다가섰다. 구더의 다음 책이 벌써부터 기다려진다.

김기현 | 로고스서원 대표

이 책은 영국의 신약학자 폴라 구더가 대림절을 깊이 묵상하고 쓴 글로서, 그녀의 부모님께 헌정된 책이다. 아름답고 평이하면서도 전문성과 공부량이 곳곳에서 묻어난다. 과거를 기다리며, 미래를 확신하고, 현재를 용감하게 살아낸다는 의미가 무엇일지, 아브라함과 사라, 선지자들과 세례 요한, 그리고 마리아와 함께 생각해볼 수 있도록 구성되었다. 대림절 양초들에 매주 하나씩 불을 밝히며 이 책을 한 장씩 읽어도 좋겠고, 여럿이서 소리 내어 읽거나 혼자서 눈으로만 읽어도 좋겠다. 성탄절보다 훨씬 앞서 등장하는 트리 장식과 크리스마스 캐럴이 불편한 우리에게, 대림절을 되찾아주고, 격조 높은 기다림의 기술을 전수해 줄 책임에 분명하다!

문우일 | 전 서울신대 신약학 교수

'기다림'이라는 단어를 들으면 대부분 미래를 떠올린다. 기다림이 종료되는 미래의 어느 시점을 말이다. 얼마나 오래 걸릴까, 늘 뒤따라오는 궁금증이다. 하지만 이 묵상집의 저자 폴라 구더는 '기다림'을 현재의 시간과 공간에서 향유하는 의미를 알려준다. 생이 다하는 날까지 안정된 땅과 별들만큼, 모래알만큼 많은 자손을 확인하지는 못했던 아브라함과 사라, 하나님의 말씀을 맡았으나 기다리고 기다리던 '여호와의 날'을 끝내 보지 못했던 선지자들, 옛것과 새것 사이에서 막상 자신이 기다리는 것의 실체조차 확신할 수 없었던 세례 요한, 아들 예수의 탄생에서 죽음까지 하나님의 약속만을 붙잡고 버티기엔 너무나 힘겨웠을 마리아까지…. 아직 도래하지 않았으나 반드시 올 실재를 기다리며 눈을 떼지 않는 '파수꾼'처럼, 구더는 우리의 현재를 능동적으로 채워 넣는 '존재의 기다림'으로 초대하고 있다.

백소영 | 강남대학교 기독교학과 교수

연말이 되면 대림절 묵상집이 쏟아져 나온다. 대부분 그리스도가 오시는 세 가지 기다림에 초점을 맞춘다. 2천여 년 전 베들레헴에 오신 성탄의 주님, 지금 말씀과 성례전으로 우리에게 오시는 주님, 그리고 이제 곧 오실 종말의 주님, 이렇게 과거, 현재, 미래에 오시는 주님을 기다리는 게 곧 대림절의 주제이다. 저마다 다양한 방식으로 대림절을 묵상할 수 있겠지만, 이번엔 폴라 구더의 책을 집는 건 어떨까. 폴라 구더의 섬세한 필체는 감성만 자극하는 방식이 아니라 독자 스스로 생각할 틈새를 만들기에 참 좋다. 이 책은 성서의 스토리를 기본 줄거리로 삼아 '왜'라는 질문을 넌지시 던진다. 그리고는 기다림의 의미를 통해 독자를 행복한 변화로 이끈다. 성경에 나온 인물을 중심으로 총 4장으로 구성된 것도 특별하다. 이걸 어떻게 활용할지에 대한 제안을 곁들인 것도 이 책의 강점이다. 이번 대림절은 오랜 친구와 산책하듯 느리게, 그러나 깊고 푸근한 묵상의 계절이 될 것 같다. 먼저 받은 글을 읽고 나니 대림절이 기다려진다.

최주훈 | 중앙루터교회 담임목사

ⓒ Paula Gooder 2008

All rights reserved.

This translation of *The Meaning is in the Waiting* first published in 2008 is published by arrangement with the Canterbury Press Norwich (a publishing imprint of Hymns Ancient & Modern Limited), 13–17 Long Lane, London, England, UK,

through rMaeng2, Seoul, Republic of Korea.

This Korean edition ⓒ 2021 by HY Publisher, Seoul, Republic of Korea

이 한국어판의 저작권은 알맹2를 통하여
HAM(Hymns Ancient and Modern)과 독점 계약한
도서출판 학영에 있습니다.
신 저작권법에 의하여 한국 내에서 보호받는 저작물이므로
무단 전재와 무단 복제를 금합니다.

기다림의 의미

폴라 구더

The Meaning is in the Waiting

Paula Gooder

제 신앙의 아버지와 어머니이자,
인생의 아버지와 어머니이신
마틴 구더와 캐롤 구더께
사랑을 담아 드립니다.

목차

· **일러두기**

1. 저자의 논지가 개역개정성경의 번역과 다르다고 판단되는 경우에는, 영어성
   경(NRSV 등)을 직역하거나 저자 개인의 번역을 따랐습니다. 그 논지가 크게
   다르지 않은 경우, 되도록 개역개정성경 혹은 새번역성경을 반영했습니다.

2. 히브리성경은 곧 구약성경을 가리킵니다.

저는 신앙협회(The Society of the Faith)로부터 대림절과 관련된 책을 쓸 저자를 추천해 달라는 부탁을 받고서, 전혀 망설임 없이 폴라 구더 박사를 추천했습니다. 그 이유는 이 책을 읽으면서 차차 알게 되실 겁니다. 머리말에서 기다림의 가치와 실천이 잘 소개되고 있기 때문에 그 부분만이라도 읽어보시기를 추천합니다. 성경의 인물 중에 어떤 이들은 하나님을 기다리는 법, 그것도 아주 적극적이고 끈기 있게 기다리는 법을 터득했습니다. 이 책의 주된 목적은 우리가 그러한 인물들과 교류를 나누는 데 있습니다. 그러한 교류를 통해 우리는 대림절의 매력을 재발견하게 될 것입니다.

기다림은 오늘날의 문화를 거스르는 활동입니다. 흔히 『고도를 기다리며』를 가리켜 20세기의 뛰어난 희곡 중 하나라고 이야기합니다. 저자인 사무엘 베케트(Samuel Beckett)는 그 희곡에 의미를 부여하려는 어떠한 시도든 다 거부했습니다. 사실, 『고도를 기다리며』는 공허를 가르치고, 그 안에서 기다림은 곧 낭비와 동의어입니다. 이와 같은 맥락에서 오늘날의 문화는 우리를 부추겨 원하는 것이 있다면 기다리지 말고, 곧바로 본론으로 들어가서 당장 손에 넣으라고 이야기합니다. 마치 기다림은 아무런 가치가 없다는 듯이 말이죠. 이 책은 그 모든 흐름을 과감하게 거스르는 책입니다.

폴라 구더는 자신의 지식을 불쑥 내밀지 않습니다. 그 지식이 성경 본문의 이해와 묵상을 돕기 위해 필요한 경우에만 내보입니다. 구더는 현대 성서학 연구를 존중하지만, 해당 본문을 누가, 왜 썼는지에 대한 장황한 추정보다는 본문 자체에 대한 고찰을 중요하게 여깁니다. 또한 구더의 해설에는 인간미와 재치가 잘 스며들어 있어서, 그것을 읽는 우리는 성경 지면에 나오는 인물들을 우리와 같이 피와 살을 지닌 생명체로 여기게 되고 또한 동질감을 느끼게 됩니다.

이 책이 설교자에게는 식재료 창고가 되고, 모든 독자들에게는 잔치와 같은 즐거움이 될 것이 분명합니다. 하지만 한꺼

번에 허겁지겁 읽어 버린다면 이 책이 제시하는 더 섬세한 의미를 다 맛보지 못할 것입니다. 이 책은 신속성이라는 지배적인 문화에 맞서는 훌륭한 방어벽이기 때문입니다. 그러니 이 책을 대림절 내내 읽는 것은 어떨까요? 그렇게 천천히 읽으면서 기다릴 만한 가치가 있으니까요.

센타무 에보(Sentamu Ebor)

요크 전(前)대주교

이 책의 활용법

이 책은 기다림이라는 주제를 중심으로 대림절 기간 동안에 생각할 거리를 제공하는 책입니다. 이 책은 성경 본문에 대한 상세한 주해가 아니며(주석서들에는 제가 여기에서 주해한 내용보다 더 상세한 주해가 있습니다), 기다림에 대한 실제적인 지침도 아닙니다. 이 책은 성경에서 영감을 받은 일련의 묵상에 가까우며, 저는 여러분이 여기에서 자극을 받아, 왜 우리가 기다려야 하는지, 기다리는 사람이 된다는 것은 어떤 느낌인지, 기다리지 않는다면 어떤 일이 일어나는지, 왜 하나님은 우리가 더 잘 기다릴 수 있기를 바라시는지와 같이, 기다림에 대해 더욱 깊이 생각해 보기를 바랍니다. 또 이 책은 성경의 인물들에게 기다림은 어떠한 의미였을지를 질문하는데요. 그저 어떤 대답들을 제시하고자 그런 질문을 하는 것이 아니라, 상황을 바라보는 새로운 발상과 방법을 제시하기 위함입니다.

성경을 묵상할 때는 본문 이면의 역사를 파고들기도 하지만, 대체로는 본문을 최종 형태 그대로 다룹니다. 이 책은 성경 인물들이 정말 그런 말들을 했는지, 혹은 성경 저자들이 구할 수 있었던 자료에 수정을 가했는지 여부를 상세히 탐구하는 책이 아닙니다. 제 묵상은 우리에게 주어진 성경 본문을 있는 그대로 다루기 때문에, 진정성과 저자 문제에 관한 질문은 주석과 다른 전문 저서들을 참조해야 할 것입니다.

이 책은 묵상집이지 '입문' 설명서가 아닙니다. 여러분이 바쁘고 조급한 삶에 대한 손쉬운 해결책을 원한다면 이 책은 들어맞지 않을 것입니다. 하지만 대림절 기간을 보내면서 기다림에 대해 묵상하거나, 기다리는 동안 무슨 일이 일어날지 생각해보기를 원한다면, 또 아브라함과 사라, 선지자들, 세례 요한, 마리아와 함께 기다려 보기를 원한다면, 이 책에서 마음이 끌리는 내용을 발견하게 될 것입니다. 이 책을 처음 쓰기 시작했을 때는 묵상을 삶에 적용하는 데 도움을 줄 질문을 넣으려 했고, 독자들 또한 그런 질문을 원했습니다. 하지만 그러한 작업이 잘 되지 않으리라는 것이 금세 분명해졌습니다. 기다림은 5단계, 10단계, 24단계로 배울 수 있는 것이 아닙니다. 기다림은 정신의 상태이지 '활동'이 아니며, 존재의 방식이지 해야 할 일들의 목록이 아닙니다. 이 책의 목적은 여러분에게 기다림의 좋은 점을 납득시키고, 묵상과 기도 생활에 도움이 되는 생각의 양식을 공급하는 데 있습니다. 이를 통해 하나님 임재 가운데 긴박감보다는 기다림으로 다스려지는 존재가 되게 하고, 또한 미래보다는 현재에 더 충실한 삶으로 자라가게 하려는 것입니다. 이는 아무것도 하지 말자는 선언이 아니라―기다림도 아주 활동적일 수 있습니다―삶의 초점을 우리 자신으로부터 하나님에게로, 미래로부터 현재로 바꿔보자는 선언입니다. 이와 같은 변화에는 물론 시간이 필요합니다. 변화는 우리와 함께 기다리시는 하나님과 수년간 교제하는 데서 생겨나기에, 우리 대부분에게는 아마도 평생의 작업이 될 것입니다.

　머리말에는 기다림에 대한 생각을 소개하는 설명이 있고, 이어서 4개의 장(章)이 있습니다. 대림절 1주에 한 장씩인 셈입니다. 각 장에는 간단한 도입부와 결론이 있으며, 각기 6단락으로 나뉩니다. 그래서 대략 12월 1일부터 성탄절 전날까지 하루에 한 단락씩 읽을 수도 있고, 성탄절 딱 4주 전에 시작해서 (매주 하루씩 떼어) 하루에 한 장씩 읽을 수도 있습니다. 전체를 한

번에 통독하는 방식이 더 좋다면 그렇게 읽을 수도 있습니다. 각 장은 다음과 같이 대림절 화환에 있는 초 네 개와 가장 연관된 성경 인물들에 초점을 맞추었습니다.

✱ 1장에서는 아브라함과 사라를 믿음의 아버지와 어머니이자, 또 부르심을 받아 자신을 향한 하나님의 약속의 성취를 평생 동안 기다리는 사람들의 아버지와 어머니의 예로서 살펴봅니다.

✱ 2장에서는 선지자들과 아울러 그들이 기대한, 세상을 향한 하나님의 개입을 살펴봅니다. 그러한 개입은 간절히 바라던 일이기도 했고 동시에 두려운 일이기도 했습니다.

✱ 3장에서는 세례 요한으로 넘어갑니다. 세례 요한의 사역은 옛것과 새것 사이에 있었고, 그조차 이해할 수 없는 일들을 가리켰습니다.

✱ 4장에서는 마리아를 살펴봅니다. 마리아의 삶은 그녀 자신도 어찌할 수 없는 일에 대한 기다림이었습니다.

각 장에 있는 6단락은 저마다 성경 한 구절로 시작하는데, 이어지는 제 묵상 글의 핵심이 그 한 구절에 표현되어 있습니다. 그리고 그 구절 뒤에는 보다 범위가 넓은 성경 구절을 적어 놓았는데요. 이는 해당 단락을 더욱 잘 이해하기 위해 본문 전체를 읽고 싶어하는 분들을 위한 것입니다. 각각의 단락은 해당 성경 구절에서 영감을 받은 저의 묵상입니다. 각 성경 구절들을 연구하는 동안 제 머리에 떠오른 주제들을 함께 살펴보게 될 것입니다.

기다림에 관한 묵상

이 글을 쓰는 동안 일어난 뜻밖의 일은, 머리말이 기다림에 대해, 또 성경적 시간관에 대해 폭넓게 고찰하는 내용이 되었다는 사실입니다. 이 책을 그런 식으로 시작할 생각이 없었지만, 사실은 그러한 내용이 들어가기를 바라기도 했습니다. 그리고 일단 쓰고 보니, 그러한 글이 이 책의 나머지 부분에서 살펴볼 성경 이야기의 근간이 되는 개념을 설명해 준다는 것을 알게 되었습니다. 따라서 꼭 포함시켜야겠다고 생각이 들었고요.

대림절 기간이 되면 ('이미 일어난 일을 우리가 어떻게 기다릴 수 있으며, 또 종말을 기다린다는 의미는 무엇인지'와 같이) 얽히고설킨 여러 쟁점들이 대개 표출되지 않는 채로 떠도는데요. 그 몇몇 쟁점을 살펴보는 데 머리말이 유용하게 활용되기를 바랍니다. 그러나

머리말이 못마땅하다는 생각이 드는 사람들도 있을 수 있겠지요. 그런 분들에게는 이렇게 말하고 싶습니다. 그냥 무시하세요! 머리말이 책의 토대를 닦아 주기는 하지만 굳이 읽지 않아도 이 책을 읽는 데 전혀 지장이 없습니다. 곧장 성경 이야기부터 살펴보고 싶다면 당연히 그렇게 해도 됩니다. 머리말 전체를 건너뛰고요. 머리말을 나중에 읽거나 혹 아예 읽지 않는 것이 더 낫다고 생각된다면 당연히 그렇게 해도 됩니다.

머리말: 기다림에 대한 고찰

무릎 꿇기

여름, 아주 고요한 순간,
돌로 지은 교회 안
나무 제단 앞에 무릎 꿇고
하나님께서 말씀하시기를 기다립니다.
계단 공기는 적막한 가운데,
마치 중요한 역할을 수행한다는 듯이
햇빛이 저를 에워쌉니다.
듣는 이들은 고요합니다.

수많은 영혼들이 그토록 가득 모여

저처럼 말씀을 기다리고 있습니다.

하나님, 저로 말하게 하소서. 허나 아직은 아닙니다.

제가 말하면, 저를 통해

말씀하시는 분은 하나님인데도

무언가 사라지고 맙니다.

기다림에 의미가 있는 것이니까요(The meaning is in the waiting,

이 책의 [원서]제목이기도 합니다 - 역주).

  - R. S. 토마스(Thomas)

왜 기다리는가?

여러분이 어느 방에 들어갔더니 멋지게 포장된 선물이 탁자 위에 있고, 그 선물에 '이것은 당신을 위한 선물입니다. 하지만 지금 풀어 보지 말고 … 기다리세요'라고 적힌 꼬리표가 붙어 있다고 상상해 보세요.

이와 같은 지시를 보면 아주 다양한 감정이 일겠지만, 아마 가장 흔하게 이는 감정은 짜증(혹은 좌절감) 아니면 기대에 찬 설렘, 이 두 가지일 것입니다. 사람에 따라 딱 한 가지 감정을 느낄 수도 있지만, 저라면 그 두 감정이 복합적으로 생겨서, 기대감에 설레며 짜증나거나, 혹은 좌절을 느끼며 간절히 바라게 될 것 같습니다.

　실제로 "기다려라"라고 하는 명령에 순종할 수 있는 사람이 우리 중에 몇이나 될까요. 대체로 사람들은 기다리기를 힘들어 합니다. 우리는 아주 어릴 때부터 기다림에 좌절을 느끼는데, 나이가 들어서도 그러한 좌절감에서 벗어나기가 쉽지 않습니다. 제 아이들에게 기다리라고 말하면 아이들 얼굴에 고통에 가까운 표정이 보이는데, 저는 그것을 금세 알아차립니다. 제가 아이들 나이 때 느꼈던 감정이 생각나서라기보다는, 저 역시 지금도 그런 감정을 느끼기 때문입니다. 다만 아이들처럼 솔직하게 표현하기가 힘들 뿐이죠.

　우리가 사는 세상은 기다림에 대한 반감을 부추기는 것까지는 아니라고 하더라도 적어도 반감을 가중시키고는 있습니다. 매일 사방에서, 원하는 것이 있다면 기다리지 말고 지금 바로 손에 넣으라고 말합니다. 우리 사회가 신용카드 위주로 돌아가고 있다보니, 기다릴 생각일랑 죄다 버리고 지금 당장 필요한 것을 사라고 여기저기서 재촉합니다. '왜 기다립니까?'라는 메시지가 깔린 광고도 너무 많고요. 통신 수단이 좋아지면서 기다림의 의미가 더욱더 무너지고 있는데요. 이제 사람들은 이메일 답장을 받는 데 24시간 이상 걸리면 감정이 상하기도 합니다. 또 휴대전화 덕분에 밖에 있어도 연락을 주고 받을 수 있으니 기다림은 점점 더 낯선 개념이 되고 있습니다. 반면에 신속성과 민첩한 반응에는 점점 더 익숙해지고 있고요.

이 모든 상황을 감안하면, 교회가 기다림에 4주나 할애하는 대림절을 지켜야 한다는 말이 거의 실없는 이야기처럼 들리기도 합니다. 교회가 또다시 옛날로, 즉 시대에 뒤처지거나 이 사회와 동떨어진 생각으로 되돌아가고 있는 것은 아닐까요? 대림절을 아예 폐지하는 것이 오히려 더 낫지 않을까요? 우리가 실질적으로는 이미 그렇게 해왔다고 주장하는 사람들도 있습니다. 이제는 대림절이 진정 대림절답던 시절에 대해서 이야기하는 사람들 없이 일 년의 시간이 훌쩍 흘러가 버립니다. (대림절이 대림절답던) 그 시절에는 성탄절 트리를 성탄절 이브에 세웠지 지나치게 일찍부터 세우지 않았고, 성탄절 캐롤 역시 성탄절 이브와 성탄절 동안 불렀지 11월부터 미리 부르지 않았습니다. 사람들은 그렇게 해야 대림절이 대림절다울 수 있고, 성탄절이 성탄절다울 수 있다고 말하곤 했습니다. 그렇게 해야 12월 25일이 왔을 때 성탄절이 싫증 나는 일 따윈 없다고요.

하지만 이제 우리는 이전과 다른 의미에서—앞으로 있을 일을 '기다린다'는 의미에서가 아니라 '그날을 앞당겨서 일찍 기념하기 시작한다'는 의미에서—설렘을 느끼고, 또한 성탄절을 '기대'하게 되었습니다. 상점들을 보면 이것을 좀 더 분명히 알 수 있는데요. 많은 상점들이 성탄절용 장식들을 매년 조금씩 더 일찍 선보이고 있습니다. 심지어 우리는 여름휴가에서 돌아오자마자 성탄절용 반짝이 장식을 보게 될 때도 있습니다. 이처럼 많은 사람들에게 성탄절 준비는 곧 성탄절을 일찍 시작한다는 의미입니다. 작년에 저는 보통 10월 말은 되어야 슈퍼마켓에 나오기 시작하는 민스파이(영국에서 성탄절을 기념하여 먹는 전통 음식 - 역주)가, 고작 9월인데도 불구하고 나온 것을 보고 놀란 적이 있습니다. 이제 우리는 민스파이를 일찌감치 구입하여 먹어치울 수 있게 된 것입니다.

대림절을 지키는 일에 관하여

그러면 우리는 어떻게 해야 할까요? 어쩌면 유일한 해결책은 교회가 성탄절과 대림절의 수호자가 되는 것일지도 모르겠습니다. 12월 24일 전에는 성탄절 캐롤을 부르거나 민스파이를 먹는 것을 금지하는 명령을 내리고, 집집마다 성탄절 트리를 지나치게 일찍 세우지 않도록 순찰하여, 성탄절이 정해진 기간보다 먼저 시작되지 않도록 하는 것이죠. 하지만 그러한 시도는 아무도 좋아하지 않을 것이고 또 바람직하지도 않습니다. 문화와 기대치가 변해서, 이제는 성탄절을 더 일찍은 아니더라도 늦어도 12월 중순에는 기념하기 시작합니다. 그러니 성탄절을 '정확한' 때에 시작하자고 고집해봐야 그저 까탈스럽게 보일 뿐이고, 설령 그렇게 한다 해도 아무런 유익도 없을 것이 뻔합니다.

이 말은 곧 대림절을 폐지해야 한다는 의미일까요? 이제는 대림절이 우리의 문화와 맞지 않음을 받아들이고, 갖가지 초콜릿을 가득 담은 대림절 달력(대림절에 초콜릿 같은 작은 선물을 포장해서 하루에 하나씩 뜯어보도록 만든 달력 - 역주)만을 예외로 둔 채, 대림절을 지키는 시늉은 모조리 그만두어야 할까요? 당연히 그렇게까지는 할 수도 없겠지만, 그럼에도 한 가지 중요한 질문이 떠오릅니다. 어떻게 하면 단순히 성탄절을 일찍 시작한다는 의미에서가 아니라, 스스로를 준비시키고 채비를 갖추어 즐겁게 기다린다는 의미에서, 이 절기와 12월을 보낼 수 있을까요? 어떻게 하면 성탄절을 올바로 '기대'할 수 있게끔, 대림절을 기념할 수 있을까요?

현재에서 능동적으로 기다림

대림절이 다시 활기차고 새로워질 수 있는 실마리는 기다림에 있습니다. 이 기다림은 낙담이 아니라 고요 속에 머무는 것이며, 극도로 흥분되는 기대가 아니라 잠잠히 현재를 받아들이는 것입니다. 대림절을 충분히 소화하고 싶다면, 기다리는 법을 다시 배워야 합니다. 즉, 미래를 음미하는 기술과 현재에 머무르는 기술, 그리고 기다리는 행동의 의미를 찾는 기술을 재발견해야 합니다.

　저의 경우 첫아이를 임신했을 때에야 비로소 제가 그동안 기다림을 완전히 잘못 이해했다는 것을 깨닫게 되었습니다. 저는 지루함을 잘 견디지 못하기 때문에, 기다리는 일에 아주 서투릅니다. 이를테면, 기다려야 하면 이내 불안해집니다. 또 가만히 있지 못하고 기분이 나빠집니다. 그런데 당시 임신이라는, 온통 기다림하고만 관련된 경험을 하게 되었으니 제가 얼마나 당황했을지 생각해 보세요. 아이를 임신하고 있는 사람 중에 아이가 아주 일찍 태어나서 그 기다림이 끝났으면 좋겠다고 바라는 이는 아무도 없을 것입니다. 그런 일은 오히려 마음만 아플 뿐이죠. 임신 중에 할 일은 잘 기다리는 것이고, 또한 그 기다리는 기간이 너무 일찍 끝나지 않기를 바라는 것입니다. 기다리는 일 밖에 할 수 없었던 그 시간에 비로소 제가 깨닫기 시작한 것이 있습니다. 곧 기다림은 기대가 생긴 순간과 그 기대가 종료되는 순간 사이의 시간—제 경우에는 임신과 출산 사이의 시간—을 단순히 때우는 것이 아니며, 기다림 그 자체에 깊고 지속적인 의미가 있다는 것입니다.

저는 아이가 태어나기를 기다리는 동안에, 기다림이 성숙해지는 시간이 될 수 있으며, 또한 기다림은 그 자체로 가치가 있다는 사실을 깨달았습니다. 그 전까지 저는 기다림은 그저 수동적일 뿐이라고 짐작했습니다. 기다림의 순간이 지나고 다시 능동적이 될 수 있을 때까지 앉아서 빈둥대며 손가락이나 두드리는 것을 뜻한다고 짐작했습니다. 그러나 제 짐작은 틀렸습니다. 임신이라는 기다림은 참여하고 관여하는 능동적인 일입니다. 임신의 기다림은 새로운 생명이 천천히 자란다는 의미가 있으니 곧 대단히 창조적인 행동입니다. 이러한 유형의 기다림은 겉으로는 수동적으로 보일지 모르지만 속으로는 지속적인 동작으로 구성되어 있으니, 대림절에 대한 적절한 비유이며 또한 기다림에 대한 유용한 비유입니다. 많은 이들에게 대림절은 빠트리는 것 없이 성탄절 준비를 하느라 너무나도 바쁜 시기입니다. 그러니 하던 일을 멈추고 수동적으로 앉아 있다는 것은 여러모로 끌리기는 해도 그야말로 상상도 할 수 없는 일일 것입니다. 그러나 대림절에는 수동성이 아니라 최고의 능동성이 필요하며, 그 능동성은 곧 새로운 생명을 자아내는 내면의 능동적인 기다림을 가리킵니다.

　　임신한 동안에 제가 배운 일이 또 하나 있는데요. 바로 기다리는 시간을 음미하는 법을 배우면 그 일이 실제로 일어났을 때 진정한 맛을 느낄 수 있다는 것입니다. 다시 말해, 기다리는 능력이 없으면 현재의 순간을 온전히 즐길 수 없을 때가 많습니다. 우리는 현재보다 익숙하게 알고 있는 옛 시절, 좋았던 그 시절을 툭하면 되돌아보고, 그러한 좋은 시절이 또다시 다가오기를 하염없이 기다립니다. 하지만 그러한 기다림은 자주 하면 할수록 현재를 더욱더 자주 놓치게 됩니다. 그뿐 아니라, 미래의 어느 시점에 정말로 바라던 일이 실현되었을 때 그 순간을 제대로 인식하기 힘들어집니다. 흔히 성탄절을 오랫동안 기다리다가 정작 성탄절 당일이 기대에 부응하지 못하면, 마치 김이 빠지는 기분이라고들 말합니다. 대개 이러한 일이 벌어지는 이유는, 우리가 계속해서 미래에만 머물러 있기 때문입니다. 그래서 그 미래가 마침내 현재가 되었을 때, 정작 그 현재를 다룰 준비가 제대로 되어 있지 않거나, 혹 그 현재에 온전히 거할 능력이 없을 때가 많은 것입니다.

우리가 대림절 동안 기다려야 하는 이유 중 하나는, 현재에 온전히, 더욱 즐겁게 머물 기술을 갈고 닦기 위함입니다. 그렇게 한 달의 시간을 보내고 나면, 정신없이 이어지는 선물과 민스파이 속에서 지나쳤을 성탄절의 깊은 의미를 다시 회복할 수 있습니다.

현재에 깊이 관심을 기울이면 우리는 변할 수밖에 없습니다. 현재 속에서 깊이 있게, 진실되게 살아가는 법을 (다시) 배우게 되면 자신의 삶, 지금 그대로의 모습에 만족하며 머무르게 됩니다. 또한 다음 목표를 향해서 고군분투하고 애쓰면서 끊임없이 미래만을 고대하지 않게 되고요. 저는 머리말을 R. S. 토마스의 유명한 시 「무릎 꿇기」를 인용하며 시작했고, 또 그 시를 따라서 이 책의 제목도 붙였습니다. 그 시에서 토마스가 잘 포착한 것처럼, 진실은 우리의 날숨과 들숨 사이에 있는 순간이나, 누군가 말하기 바로 직전의 순간에 숨어 있습니다. 다시 말해, 때로 인생에서 진정으로 뜻깊은 순간은 일이 일어나기 바로 직전의 순간인 '그 사이에' 존재합니다. R. S. 토마스가 그의 시에서 말한 역설처럼, 때로는 기다리던 일이 성취되는 그 순간에 오히려 기다리던 것을 잃기도 합니다. 그럴 때마다 우리는 성취가 아닌 기다림에 의미가 있었음을 깨닫고 놀라게 됩니다.

이러한 사실을 깨달을 때 분명해지는 점은, 대림절이 시대에 뒤쳐진 문화적 구닥다리가 아니라, 우리가 잘 사는 데 있어서 아주 중요한 부분이라는 것입니다. 대림절 기간에 우리가 기다림이라는 기술을 다시 배울 수 있다면, 그 기술이 대림절과 성탄절뿐만 아니라 아마 평생 동안에 쓸모가 있을 것입니다. 대림절은 인생이 변할 정도로 중요한 선물을 줍니다. 그래서 사실 대림절은 어느 한 절기라기보다는 그냥 삶의 방식입니다. 교회력을 따라 기념하는 날에 흔히 그렇듯이, 우리는 대림절에 자기 자신, 세계, 하나님과 더 깊고 진실하게 만나기를 권유받습니다. 절기가 주는 교훈을 배우는 일은 그 절기를 더욱 잘 기념하는 데 도움을 줄 것입니다. 하지만 그보다 훨씬 더 중요한 것은 그러한 배움이 기다림의 기술을 단련시켜주고, 통찰력을 더욱 날카롭게 해주며, 하나님과 더 깊게 동행하게 하여, 우리 인생 전반에 영향을 미친다는 사실입니다. 대림절은 그리스도인의 여정에 꼭 필요한 기다림의 기술에 초점을 맞추어 그것을 배우고 또 배우라고 우리를 초청합니다.

과거를 기다림

그렇지만 기다림의 중요성을 깨닫는다고 해서 대림절에 얽힌 기다림의 문제가 모두 해결되는 것은 아닙니다. 대림절이 가진 가장 이상한 특징 중 하나는 바로 일어나지 않은 일은 물론이거니와, 이미 일어난 일도 기다릴 것을 요구한다는 점입니다. 이것이 대림절이 가진 이중적인 시선인데요. 우리는 뒤를 돌아보며 2,000여 년 전 그리스도의 탄생을 기대하며 기다리는 동시에, 앞을 바라보며 종말의 시간을 기다립니다. (기다리는 것이 불가능해 보이는) 과거를 기다릴 뿐만 아니라, 또한 종말의 시간도 기다린다는 점이 대림절을 한층 더 어색하게 만드는데요. 실제로 점점 더 많은 사람들이 후자에 대해 말하는 것을 거북하게 느끼고 있습니다.

대림절과 연관된 기다림이 요구하는 것이 무엇인지를 이해하는 실마리는 성경, 특히 역사에 대한 성경의 관점에 있습니다. 사람들이 흔히 성경을 읽을 때 헷갈려하는 부분 중 하나는 바로 성경이 서로 다른 사건들을 단일한 시간 안에 결합시킨 것처럼 보인다는 점입니다. 시편 74:12-17을 예로 들어 보겠습니다.

12 하나님은 예로부터 나의 왕이시라
    땅에서[개역개정: 사람에게] 구원을 베푸셨나이다
13 주께서 주의 능력으로 바다를 나누시고
    물 가운데 용들의 머리를 깨뜨리셨으며
14 리워야단의 머리를 부수시고
    그것을 사막에 사는 자에게 음식물로 주셨으며
15 주께서 바위를 쪼개어 큰 물을 내시며
    주께서 늘 흐르는 강들을 마르게 하셨나이다
16 낮도 주의 것이요, 밤도 주의 것이라
    주께서 빛과 해를 마련하셨으며

^{17} 주께서 땅의 경계를 정하시며

주께서 여름과 겨울을 만드셨나이다

이 본문은 어떤 사건을 언급하고 있는 걸까요? 이 본문에는 지금 창조(사건)가 반향되어 있습니다. 하나님께서 용들의 머리를 깨뜨리시고 리워야단의 머리를 부수신다는 언급은 창조기사의 고대 이본(異本)을 인용한 것일 수도 있는데요. 그 창조기사에서는 하나님께서 창조 행위를 하시면서 용과 다투십니다. 그러한 다소 기이한 내용과 함께 하나님께서 빛과 해를 마련하시고, 땅의 경계를 정하시며, 여름과 겨울을 만드신다는 훨씬 더 익숙한 내용이 언급됩니다. 이처럼 이 시편의 구절들은 하나님을 창조주로 가리키고 있습니다. 그런데 앞부분으로 가서 다시 읽어보면, 주께서 주의 능력으로 바다를 나누셨다는 것과 늘 흐르는 강들을 마르게 하셨다는 언급은 마치 홍해를 건넌 일을 가리키는 것처럼 보이기도 합니다. 또 본문을 한 번 더 읽어 보면 모세가 광야에서 바위를 두드려 물이 흐르게 한 사건을, "주께서 바위를 쪼개어 큰 물을 내시며"라는 표현을 통해 넌지시 암시하는 것처럼 보이기도 합니다. 과연 이들 중 어느 것이 맞는 걸까요? 성경 속 여러 사건들 중에 어느 것이 이 본문의 배경이 되었을까요? 정답은 전부입니다.

12절은 하나님이 "땅에서 구원을 베푸신다"고 묘사하는데요. 여러 사건이 결합된 이러한 하나님의 구원 활동은 곧 시인의 마음속에서는 그 모든 사건이 실질적으로 같은 사건이거나, 적어도 중첩되었음을 가리킵니다. 이것이 당혹스러운 이유는 우리가 가진 역사 관점과 완전히 다르기 때문입니다. 21세기 현대 서구 세계가 가진 역사 관점은 대체로 역사를 선형으로 바라봅니다. 이 말은 곧 선의 한쪽 끝에는 창조가 있고, 다른 쪽 끝에는 종말이 있으며, 우리는 이 선의 시작과 끝 사이 어딘가에 놓여 있다는 의미입니다. 역사는 이 선을 따라 한 방향으로만 움직이고, 우리는 결코 뒤로 돌아갈 수 없습니다. 하지만 성경이 보여주는 역사 관점은 이와 다릅니다. 구원의 역사(구속사)는 선형이라기보다는 오히려 원형에 가깝습니다. 하나님께서 세상과 상호 작용하신 역사에 대한 이야기는, 조금 특이하긴 해도 눈덩이에 비유하는 것이 가장 좋습니다. 언덕 꼭대기에서 눈을 공처럼 뭉치고서, 언덕 아래까지 굴러 내려가도록 밀었다고 생각해 보세요. 눈덩이가 돌돌 굴러 내려가면서 눈이 점점 더 많이 붙을 것입니다. 그렇지만 눈덩이가 굴러가면서 점점 더 커진다고 해도 그 모양은 그대로일 것입니다. 구원의 역사는 이와 닮았습니다. 하나님께서 세상에 개입하신 여러 사건들이 모두 동일한 사건은 아니지만, 그럼에도 유사한 사건으로 묶일 수 있습니다. 그러한 개입이 있을 때마다 하나님의 구원 행위는 다른 반향이나 표현을 활용하기 때문에, 시인은 창조, 홍해를 건넌 일, 광야 사건을 뒤섞어 하나님의 구원을 묘사할 수 있었던 것입니다.

이렇게 보면 복음서에 나오는 예수님에 대한 묘사도 훨씬 더 잘 이해가 됩니다. 복음서 안에서 예수님은 히브리성경에 나오는 사건들 위에서 묘사되곤 하는데, 이로 인해 사람들은 종종 곤혹스러움을 느낍니다. 어떤 이들은 이것이 예수님에 대한 이야기가 날조되었음을 가리킨다고 말하기도 합니다. 하지만 훨씬 더 가능성 있는 사실은 곧 복음서 저자들이 (히브리)성경에 기록된 구원의 역사와 같은 전통 위에 서 있었다는 것입니다. 성경이 보여주는 구원의 역사는 예수님이 이 땅에 오신 사건을 하나님께서 세상에 개입하신 또 하나의 사례—물론 이는 훨씬 더 영광스러운 사건이지요—로 봅니다. 따라서 예수님의 임재는 창조이자, 출애굽이자, 포로 귀환이며(또한 그 밖에 많은 사건들이기도 합니다), 그 모두가 구원이라는 하나의 영광스러운 눈덩이 안에서 굴러갑니다.

이러한 내용이 대림절에 유의미한 까닭은 결국 과거의 일도 기다릴 수 있음을 보여주기 때문입니다. 역사의 눈덩이는 계속해서 앞으로 굴러가고, 예수님의 사역에 해당하는 눈의 두께는 유독 두툼하고 풍성하지만 그것만으로 끝은 아닙니다. 구원의 역사는 오늘도 계속됩니다. 그 구원의 역사를 말하고 또 말하는 이유는, 그렇게 해야 구원이 갑작스레 우리의 세계 안에 들어올 때 우리가 그 구원을 알아볼 수 있기 때문입니다. 구원의 역사가 전하는 메시지는 곧 하나님은 우리의 세계 안으로 들어오셔서 창조하시고, 자유하게 하시며, 치유하시고, 부활시키고, 구원하시는 하나님이시라는 것입니다. 하나님은 역사 속에서 줄곧 그러한 일을 해오셨습니다. 또한 눈덩이는 계속해서 굴러가니 또다시 그렇게 하실 것입니다. 그러니 우리는 우리 자신을 단련하여 창조/출애굽/포로 귀환/예수님의 탄생/부활의 순간이 눈앞에 나타났을 때 그것을 알아볼 수 있어야 합니다. 하나님께서 우리의 세계에 너무나 자주 임재하시는데도 정작 우리는 그것을 알아보지 못할 때가 많습니다. 엘리자베스 배럿 브라우닝(Elizabeth Barrett Browning)은 자신의 시 「오로라 리」(Aurora Leigh)에서 다음과 같이 말했습니다.

땅은 하늘로 가득 차고,
흔한 덤불마다 하나님으로 불붙어 있지만,
그것을 보는 사람만 자기 신을 벗고
나머지는 덤불에 둘러앉아 블랙베리를 땁니다.

우리 인간은 본성상 하나님의 임재를 인지하여 신발을 벗고 경배하기보다는, 둘러앉아 블랙베리를 따는—혹은 오늘날 그에 상응하는 행동을 하는—쪽으로 자연스럽게 기우는 것 같습니다.

  이는 하나님의 임재를 알아차리고 싶어 하지 않는 이들에게도, 또 알아차리고 싶어 하는 이들에게도 해당됩니다. 또 설령 좋은 마음가짐이 있다고 하더라도 하나님의 임재의 희미한 빛을 지나치거나 잘못 해석할 수도 있습니다. 하나님의 임재를 선포하는 무언가를 보아도 그것이 정확히 무엇인지 알아보지 못할 수도 있고요. 구약 전체에 걸쳐서 또 신약에 들어서까지 구원의 역사를 말하고, 말하고, 또 말하는 이유는, 하나님의 임재가 어떠한 모습인지를 알아보도록 우리를 단련시켜서, 그 일이 다시 일어났을 때 알아보고 이해할 수 있게 하려는 데 있습니다. (창 49:18의 "여호와여 나는 주의 구원을 기다리나이다"에서처럼) 흔히 '기다리다'로 번역되는 히브리어 단어에는 부가적으로 '간절히 바라보다' 혹은 '숨어서 기다리다'라는 뜻이 있어서, '파수꾼'이 된다는 개념을 수반합니다. 파수꾼이 하는 일은 특정 인물이 오기를 기다리며 눈을 떼지 않고 먼 곳을 바라보다가, 마침내 그가 올 때 같은 길로 오는 다른 이들로부터 그를 구별해 내는 것입니다. 하나님의 구원 행위를 이야기하고 또 이야기하는 것은, 간절히 기다렸던 대상이 아직 지평선 위 작은 점 하나로 보일 때조차도 알아볼 수 있게 해 주는 방법입니다.

우리는 대림절 동안에, 이미 일어난 어떤 일이 또다시 일어날 것을 확신하는 가운데 그 일을 기다립니다. 바로 이러한 확신이 신약의 소망을 떠받치고 있습니다. 오늘날의 대화에서 흔히 소망은 "내일 만나 뵙기를 바랍니다"와 같이 막연하고 낙관적인 감정입니다. 그러나 성경의 저자들에게 소망은 확신의 의미도 포함했습니다. 이를테면, 히브리서의 저자가 "우리에게는 이 소망이 있으니, 그것은 안전하고 확실한 영혼의 닻과 같아서"(히 6:19)라고 말한 것처럼 말이죠. 히브리서의 상당 부분은 과거를 반복해서 이야기하면서, 그것을 현재에 잘 살아가기 위한 수단이자 미래를 위한 수단으로 삼습니다. 즉, 소망은 명확하지 않은 소원이 아니라 현실을 기반으로 하는 분명하고 구체적인 확언인 것입니다.

미래를 기다림

아직 살펴보지 않은 대림절의 마지막 차원은 곧 미래를 기다리는 것입니다. 「보라! 주께서 구름과 함께 내려오시도다」 (새찬송가 174장 「대속하신 구주께서」 - 역주)와 같은 대림절 찬송은 예수님이 세상을 심판하러 오실 미래의 어느 시점을 가리키고 있습니다. 실제로 존 세닉(John Cennick)이 처음으로 썼다고들 이야기하는 이 찬송의 원본에는 다음과 같은 구절이 있습니다.

모든 섬과 바다와 산
하늘과 땅은 달아나 버리리라!
주를 미워하는 모든 자들 부끄러울 것이요
그날을 선포하는 나팔 소리를 들으리니
심판대 앞으로 오라! 인자 앞에 서라!

찰스 웨슬리(Charles Wesley)의 수정본이자 훨씬 더 잘 알려진 1758년판에서도 이와 비슷한 구절을 찾아볼 수 있습니다. 찬송이 전체적으로 마지막 때에 초점을 두기는 하지만, 인용한 구절에서 유독 심판이라는 주제가 돋보입니다. 그리고 이를 통해 우리는 대림절 기간에 이 찬송을 부를 때 세닉의 원본이나 웨슬리의 수정본에 있는 이 구절이 왜 제외되곤 했는지를 알 수 있습니다.

많은 이들에게 마지막 때와 심판이라는 주제는 상대하기 곤란한 친척과 같아서, 있어도 상대하지 않는 것이 최선입니다. 세상의 종말에 관한 믿음을 마주할 때 두 가지 문제가 발생하는데요. 하나는 초기 그리스도인들이 열렬히 기대했음에도 불구하고 종말이 아직도 일어나지 않았다는 것이고, 또 하나는 심판이 지나치게 잔혹한 모습으로 강조된 탓에 그것을 아주 불쾌하게 여기는 사람이 많다는 것입니다(중세시대 그림들이 심판의 날을 온통 피와, 고통스러워하는 장면으로 묘사했기 때문에 그러한 강조가 더욱 심해졌습니다).

그러면 우리는 어떻게 해야 할까요? 종말 신학의 문제를 마주할 때 일어나는 가장 흔한 반응은 그 주제를 모른척 조용히 지나치는 것입니다. 고상한 영국인들의 경우 방 안에 있는 거대한 코끼리(누구나 알면서도 대놓고 말하기 힘든 큰 문제 - 역주)를 모른 체할 때가 많습니다. 심지어 대림절이 코끼리를 더 크게 확대시켜서 우리 얼굴이 코끼리 옆구리에 눌릴 지경일 때조차도요. 물론 모든 사람들이 마지막 때를 모른 체하는 것은 아닙니다. 특정한 유형의 신학들—미국에서 종종 발생하는 신학, 이를테면 『레프트 비하인드』 시리즈 같은 대중 서적에서 표현되는 신학—을 보면 분명 세상의 마지막에 대한 나름의 해석이 담겨 있습니다. 하지만 그러한 이야기 자체를 꺼내려고 하지 않는 사람들에게는 별 도움이 되지 않습니다.

이 문제에 대한 손쉬운 해답은 없지만, 그럼에도 문제를 모른 체하는 것은 아마도 가장 나쁜 해결책이 아닌가 합니다. 우리가 보고 듣는 설교와 논의에서 종말 신학의 흔적을 모조리

지워 버리면, 아주 열정적으로 종말을 선포하는 대림절 찬송뿐 아니라 성경 그 자체도 허튼 소리가 되어 버립니다. 종말에 대한 신학이 동반되지 않는다면 칭의, 구원, 부활, 하나님 나라와 같은 성경의 주제들은 전혀 이해할 수 없는 주제가 되어버립니다. 아니 더 정확하게 말하자면, 종말 신학을 이러한 주제들로부터 제거해버리면 그 내용이 근본적으로 뒤바뀌게 되어서, 더 이상 예수님과 초기 기독교 공동체가 제기하고 논의했던 주제가 아니게 되어 버립니다.

종말 신학이 오늘날에도 적용될 수 있도록 의미를 재규정하는 것은 너무나도 광범위한 주제라서, 제대로 논의하려면 (시리즈까지는 아니더라도) 책 한 권은 써야 합니다. 그런 까닭에 여기에서는 대림절과 관련된 질문을 처리하는 데 도움이 될 쟁점 하나만을 제기하려고 합니다. 대림절이 하는 일 중 하나는 시간과 종말에 관한 성경의 세계관에 거하라고 우리를 부르는 것입니다. 과거를 기다림이 우리에게 역사의 순차적 (시간) 모델을 버리고 굴러가는 눈덩이와 비슷한 시간 모델을 받아들이기를 권하듯이, 미래를 기다림은 우리에게 종말에 대한 비전으로 형성된 세계에 거하라고 권합니다. 그렇게 할 때에 우리는 우리가 가진 질문들을 비롯한 숱한 문제들에 대해서 깊이 있는 대답을 발견할 수 있습니다!

종말에 대한 성경의 관점이 제시하는 대답들은 하나님의 영광의 희미한 빛이 가득 찬 어지러운 세상을 향해, 그 세상의 중심을 향해 말하고 있습니다. 최선을 다해 노력하고 단호하게 회개해도 왜 우리는 우리가 바라는 대로 행동하지 못할까요? 왜 기독교 공동체는 다른 공동체들만큼이나 무수한 갈등을 겪을까요? 왜 우리는 하나님이 우리 가운데 분명히 계신데도 불구하고 세상에서 일어나는 일들 때문에 괴로워 할까요? 성경의 저자들, 특히 바울에게는 이러한 의문들을 이해하는 실마리가 예수님의 부활, 다시 말해 그분의 부활과 마지막 때의 관계에 있었습니다. 예수님의 시대에는 부활이 일어나지 않으리라는 사두개파의 부활관을 비롯하여 다양한 부활관이 있었지만, 그럼에도 부활을 믿는 곳에서는 대체로 마지막 심판의 날에 부활이 일어나리라 생각했습니다.

(나사로—예수님과는 달리 어느 시점에 이르러 다시 죽음을 맞이한 나사로—와 같은 이들을 되살리신 일을 포함하여 복음서에 나오는 기적들과는 대조적으로) 예수님의 부활이 특별히 중요한 이유는, 오직 그분만이 그때가 이르기 전에 다시 살아나셨다는 데에 있습니다. 누가와 바울 같은 저자들에게 이것은 곧 마지막 때가 이미 시작되었으나 아직 완성되지는 않았다는 의미였습니다. 하나님의 나라는 이미 침입해왔으나 아직은 부분적입니다. 이제는 새 창조로 인

한 화해를 경험할 수 있게 되었지만, 여전히 피조물들은 그 완성을 기다리며 신음합니다. 다시 말해, 우리는 종말의 시작과 종말의 끝 사이에 있습니다. 이것이 우리가 하나님께서 바라시는 세상(의 모습)에 대한 비전을 갖고 있음에도, 그 비전을 온전히 성취할 힘이 없는 이유를 설명해 줍니다. 따라서 서로를 돕는 너그러움으로 이루어진 인간관계를 발견할 때도 있지만, 동시에 늘 그런 관계만 있는 것은 아니라는 현실을 감수해야 합니다. 세상에서 하나님의 영광의 희미한 빛을 볼 수도 있지만, 그럼에도 피조물 전체가 그 영광으로 뒤덮일 때를 기다려야 합니다.

미래를 기다림에 대한 성경의 비전은 우리의 현상황과 현실을 받아들이게 하며, 동시에 그 현실을 바꾸기 위해 결단하게 합니다. 우리는 '그 사이에서' 살아가기에 세상의 본질을 지금 있는 그대로 받아들여야 합니다. 하지만 우리는 또한 세상을 향한 하나님의 가능성을 붙잡을 수 있어야 합니다. 희미하게 보이는 하나님 영광의 빛은, 그 빛이 더 많아지도록 노력하고 또한 하나님 나라가 매일 이 땅에 더 임하도록 노력하겠다는 우리의 결의를 북돋우기 위해 존재합니다. 미래를 기다림은 세상이 어떤 모습일 수도 있었는지를 깨닫고 우리가 담당하는 영역이 그 모습에 한 걸음이라도 더 가까워지도록 노력한다는 의미입니다. 즉, 미래를 기다림은 현재를 변화시킨다는 뜻입니다. 따라서 기다림은 곧 능동적인 활동이 됩니다.

이러한 언급을 한다고 해서, 세상의 종말에 대한 신앙으로 인해 많은 이들이 갖게 된 문제가 조금이라도 쉬워지는 것은 아니지만, 적어도 우리가 종말에 대한 개념을 완전히 버리면 무엇을 잃게 될지는 생각하게 됩니다. 마지막 때에 대한 신앙을 잃게 되면, (그리스도인의 체험에 있어서 너무나도 많은 부분을 차지하는) '거의 이루어졌지만 아직 완전히는 아니다'(almost-but-not-quite)가 지닌 신학적 의미와 설명도 잃게 됩니다. 무슨 일이 일어날 수 있는지 또 무슨 일이 일어나야 하는지를 알면서도, 거기에 도달할 수 없게 되는 것입니다. 마지막 때에 대한 신앙은 용서하면서(이것이 완전하게 일어나지 못하는 까닭은 우리가 아직 그때에 있기 않기 때문입니다), 동시에 격려하는 신앙입니다(우리는 세상이 변화될 때를 지향하고 있습니다. 그러니 계속 노력합시다. 분명 그만한 가치가 있습니다).

대림절의 한 측면인, 미래를 기다림은 과거를 기다림과 마찬가지로 시간의 경계를 허물어뜨립니다. 성경적 세계관—현재 우리가 겪는 모든 고통과 괴로움이 미래에 영광 가운데 완성되는 데 초점을 두는 세계관—에 들어가면, 현재가 뒤바뀝니다. 과거에 예수님께서 죽으시고 부활하심으로 인하여 우리에게 열리게 된 영광스러운 미래가, 조금이라도 더 현재에 실현되도록 애쓰라고 부르는 것이 곧 성경적 세계관이기 때문입니다. 그 개념이 너무나도 놀랍고 경이롭기 때문에 이번 생애에서 그 뜻을 완벽하게 이해하긴 어렵겠지만, 그럼에도 그 문제와 씨름하는 것이 곧 대림절이 우리에게 권하는 일인 것은 분명합니다.

기다리는 중

그렇다면 대림절은 우리를 능동적인 기다림의 위치로 부른다고 할 수 있습니다. 이는 곧 세상에 나타난 하나님의 임재의 희미한 빛을 알아보고 받아들이라는 것입니다. 계속해서 이어져 온 하나님의 역사 속 활동들을 떠올리고 기념하라는 것입니다. 또한 간절히 바라지만 완전함에는 이를 수 없는 우리 그리스도인의 삶의 특성—'거의 이루어졌지만 아직 완전히는 아니다'라는 특성—을 솔직하게 인정하라는 것입니다. 무엇보다도 대림절은 우리를 현재의 순간으로 부릅니다. 고요하지만 능동적으로, 평온하지만 확고하게 현재의 삶에 전념하게 합니다. 대림절은 바로 그러한 기다림으로 우리를 손짓하여 부릅니다. 그 기다림이 없다면 우리 그리스도인의 여정은 결국 피폐해지고 말 것입니다.

1장 믿음의 조상, 아브라함과 사라

너는 너의 고향과 친척과 아버지의 집을 떠나

내가 네게 보여 줄 땅으로 가라(창 12:1)

1장 믿음의 조상, 아브라함과 사라
기다림의 자리로 부르심

들어가며

전통적으로 대림절 화환에 꽂는 각 양초는 예수님을 예비하는 기나긴 시간 동안에 나타난 등장인물들과 관련이 있습니다. 그들은 각기 예수님을 기다린다는 것이 어떤 의미인지를 보여줍니다. 대림절의 첫 번째 양초는 아버지에 해당하는 그리스어 **파테르**(*pater*)와 지도자에 해당하는 **아르콘**(*archon*)에서 유래한 단어, '족장'(Patriarchs)과 관련이 있는데요. 족장은 본래 어느 한 부족의 지도자이자, 대가족 모임에서 지도자 역할을 하는 아버지를 가리켰습니다. 히브리성경 안에서 이 용어가 자주 아브라함과 이삭과 야곱을 묘사하는 데 쓰인 이유는 그들의 이야기가 본래 한 가족의 이야기이기 때문입니다. 그 이야기 안에서 가족은 아버지와 같은 인물 혹은 족장에게로 모여

듭니다. 첫 양초가 아브라함과 연결되면서, 족장들에게 믿음이라는 요소가 더해졌습니다(아브라함의 이야기는 근본적으로 로마서 4장에서 아주 분명하게 드러나는 주제, 곧 믿음의 이야기이기 때문입니다). 그래서 믿음에 있어서는 우리의 조상이기도 하다는 점을 강조하는 의미에서, 그들을 가리켜 '믿음의 족장들'이라고도 합니다.

아브라함과 이삭과 야곱의 이야기와 관련하여 정말로 놀라운 요소 중 하나는 그들의 아내인 사라와 리브가와 라헬이 맡은 중요한 역할입니다. 여성들의 영향력이 있다고 해도 아주 미미했던 문화 속에서, 사라와 리브가와 라헬은 족장들의 이야기에 등장하여 그 이야기를 함께 만들어 갑니다. 남편들과 마찬가지로 그녀들 역시 때로는 올바르게, 때로는 형편없게 행동하지만, 그럼에도 하나님의 가족 이야기가 전개되는 과정 속에서 아주 중요한 역할을 맡았다는 점은 분명합니다. 따라서 족장들의 이야기를 살펴볼 때는 여족장들(Matriarch)도 함께 살펴봐야 합니다. 믿음이라는 측면에서 그녀들의 삶은 우리의 삶과 한데 얽혀 있습니다.

족장들의 촛불 안에 아브라함부터 다윗에 이르기까지, 이스라엘의 역사 전체가 포함되고 뒤이어 선지자들이 그 역사를 넘겨받아 세례 요한에게까지 연결된다고 주장하는 사람들도 있습니다. 그렇게 보면 보물창고의 문들 즉, 히브리성경의 최고 이야기들이 연결되기 때문에 그러한 주장을 받아들이고픈 마음이 들기도 합니다. 하지만 저는 여기서 아브라함 이야기로만 한정하려고 합니다. 아브라함의 믿음의 가계가 대림절과 관련된 기다림의 특성을 충분히 알려주기 때문입니다.

먼저 아브람이 사래 그리고 남은 가족과 함께 떠나, 하나님을 따르라고 부르심을 받은 장면으로 시작하려고 합니다(이 이야기 후에야 두 사람의 이름이 우리에게 익숙한 아브라함 그리고 사라로 바뀌게 됩니다).

✝

너는 너의 고향과 친척과 아버지의 집을 떠나 내가 네게 보여

줄 땅으로 가라(창 12:1).

더 읽어 볼 본문: 창세기 12:1-9

이런 대화를 상상해 볼까요.

"저기, 사래."

"네, 아브람."

"방금 하나님께서 나에게 말씀하셨소."

"잘되었네요."

"하나님께서 우리에게 모든 것을 두고 떠나라고 하셨소."

"아 … 그러면 우리는 어디로 가야하죠?"

"글쎄 … 나는 모르겠지만, 우리가 그곳에 도착하면,

하나님께서 알려주실 거요."

이어서 사래는 뭐라고 말했을까요? 물론 이 대화는 완전히 추측에 불과합니다. 아브람이 속한 문화에서 이와 같은 대화는 있지도 않았을 테고, 또 있을 수도 없었을 테니까요. 사래는 그저 떠나야 한다는 말을 듣기만 했을 것입니다. 그럼에도 이 대화는 중요한 의문을 자아내는데요. 바로 '성경의 인물들은 영감을 받는 그 순간에, 다시 하나님에게 뭐라고 말했을까?'라는 의문입니다. 우리는 이 이야기를 너무나 잘 알고 있기 때문에 하나님의 명령에 아브람이 받았을 충격을 간과하기 쉽습니다. 그 명령을 요약하면 결국 "네가 알고 있고 사랑하는 모든 것을 놔두고 떠나, 어딘가로 가라. 어디로 갈지는 말해 주지 않겠지만, 네가 그곳에 도착하면 알려주겠다"입니다.

당연히 이 명령에 아브람이 받았을 충격과 우리가 받은 충격의 수준은 같지 않습니다. 창세기 12:1로부터 두 절 앞에 있는 11:31을 보면, 아브람의 아버지인 데라가 이미 가족을 데리고 우르에서 하란으로 (약 천 킬로미터의 거리를) 옮겨갔다고 말하는

데요. 아브람 가족은 이미 반(半)유목생활을 하고 있던 것처럼 보입니다(지속적으로 옮겨 다녀야 하는 완전한 유목생활과는 대조적으로, 아브람 가족은 한곳에서 정착하여 살다가 또 다른 곳으로 옮겨 살았던 것으로 보입니다). 어찌되었든 하나님께서는 아브람에게 모든 것을 놔두고 떠나라고 명령하셨으며, 그 요구의 범위는 분명했습니다.

✳ 네 땅: 보통 이 히브리어 단어는 나라(country)로 번역됩니다(NRSV는 country로, 개역개정은 고향으로 옮김 - 역주). '나라'라고 하면 민족과 관련된 무언가를 의미하는 것처럼 보이는데요. 사실 이 단어는 그보다 훨씬 더 크기도 하고 또 작기도 합니다. 히브리어 단어, **아레츠**(*aretz*)는 바다나 강처럼 물과 대조되는 육지를 가리킵니다. 창조 때에 하나님께서는 물을 육지(아레츠)와 구분하셔서 동식물과 사람이 살 곳을 마련해 주셨습니다(창 1:11). 또한 **아레츠**는 우리가 살아가는 자그마한 땅을 가리키기도 해서, 생계수단과도 연결되고 또 고향과도 연결됩니다. 곧 땅은 생계뿐만 아니라 소속을 상징하기도 합니다.

✳ 네 친척들: 이 히브리어 단어는 문자적으로 '태어나다'라는 동사와 연관이 있습니다. 따라서 자신을 둘러싸고 태어난 모든 이들이 포함되고, 그런 까닭에 친척들을 가

리킵니다. 그렇다면 이 명령은 곧 아브람의 삶을 좌우하던 일상의 모든 관계를 놔두고 떠나라는 말이 됩니다.

✱ 네 아버지의 집: 여기에서 우리는 큰 단위에서 작은 단위로 옮겨가는 것을 봅니다. 즉, 전반적인 생계나 소속감과 관련된 땅으로부터, 관계의 인연과 정체성을 제공했던 친척들로, 그리고 아브람이 살았던 아버지의 집으로 점차 옮겨가고 있습니다.

아브람은 가장 큰 것에서부터 가장 작은 것에 이르기까지 그 모든 것을 놔두고 떠나라는 명령을 받았습니다. 일반적 인연에서부터 특정한 인연에 이르기까지, 추상적인 기반에서부터 구체적인 기반에 이르기까지, 전반적인 생활에서부터 하루하루의 생활에 이르기까지, 연결된 모든 끈을 끊어야 했습니다. 즉, 아브람은 그 모든 것을 놔두고 '가야' 했습니다.

'가다'라는 단어 자체가 도전을 담고 있습니다. 아브람은 자신이 알던 모든 것으로부터 떠나 그 바깥으로 이동해야 했고, 모든 것을 놔두고 … 어딘가로 가야 했습니다. 이는 예수님께서 "와서 나를 따르라"(마 19:21)고 말씀하시며 제자로 부르신 것과 뚜렷하게 대조되는데요. 아브람의 부르심은 떠나라는 것이었고, 예수님의 부르심은 오라는 것이었지만, 사실 히브리어 안에서는 그런 식의 대조가 나타나지 않습니다. 하나님께서 아브람에게 가라고 명령하실 때 쓰인 단어는 동시에 오라는 말에도 쓰일 수 있는 단어입니다. 당사자가 어디에 서 있느냐에 따라서 뜻이 결정되는 것입니다. 만일 당사자가 명령하는 이와 함께 있다면 그 명령은 가라는 뜻이 되지만, 반대로 멀리 떨어져 있다면 그 명령은 오라는 뜻이 됩니다.

이처럼 하나님께서 하시는 명령은 가라는 뜻인 동시에 오라는 뜻이기도 합니다. '가라'는 명령에는 많은 것들을 두고 떠난다는 의미가 들어 있고, '오라'는 명령에는 하나님께서 그 여정 가운데 동행하신다는 의미가 들어 있습니다. 기독교 안에서 전문용어로 사용되는 '소명'(vocation)은 (어떤 사람의 인생에서 어느 특정 시기에 이루어지는) 특별한 부르심을 의미하며, 더 나아가 아주 특별한 임무로의 부르심을 의미하는데요(다른 부르심에도 쓰이기는 하지만, 보통은 성직을 가리킵니다). 이 때문에 하나님께서 우리를 항상 부르고 계신다는 사실과, 하나님의 부르심에는 가기와 오기, 두고 떠나기와 (하나님과) 동행하기라는 이중적인 특징이 있다는 사실이 간과되곤 합니다. 아브람에게 이루어진 하나님의 부르심은 분명 평생을 하나님과 동행하는 삶으로의 부르심이기도 했습니다. 창세기 12:1에서 하나님께서는 아브람에게 하나님이 보여 주실 땅으로 가라고 말씀하시고, 7절에서는 그 땅을 보여 주십니다("내가 이 땅을 네 자손에게 주리라"). 하지만 그러고 나서 아브람은 벧엘로, 네게브로(개역개정에서는 "남방으로" - 역주) 이동하게 되고, 애굽으로 내려갔다가 다시 되돌아 오게 됩니다. 그렇다면 아브람에게 이루어진 하나님의 첫 부르심은, 끝나는 지점이 정해진 단순한 이동 행위가 아니었다고 할 수 있습니다. 그 부르심은 마음가짐 즉, '두고 떠나' '동행'할 준비가 된 마음가짐과 관련이 있었습니다.

아브람의 부르심은 정말로 기다림을 향한 부르심이었습니다. 앞으로 아브람의 이야기가 펼쳐짐에 따라 더 자세히 확인할 수 있겠지만, 사실 아브람은 위대한 일을 약속받기는 했어도, 실제로 그 약속의 열매는 일생 동안 보지 못합니다. 아브람이 자신의 후손들이 소유할 땅을 보았고, 상당한 골치를 앓은 뒤에 가계를 유지할 아들을 얻었으니 분명 씨앗은 받았다고 할 수 있습니다. 하지만 이 씨앗은 아브람이 죽을 때까지 계속해서 씨앗일 뿐이었습니다. 여기서 저는 아브람이 그 모든 일을 어떻게 생각했을지 궁금해집니다. 인생의 끝자락에서 과거를 돌아봤을 때 평생 떠돌아다니며, 떠나고 동행하고 기다린 일이 그만한 가치가 있었다는 결론에 이르렀을까요? 아니면 그렇지 않다는 결론에 이르렀을까요?

우리는 알 수 없습니다. 하지만 그와 같은 상황에서 우리라면 어떻게 반응했을지는 알 수 있습니다. 우리를 향하신 하나님의 부르심은 여전히 떠남과 동행, 옮김과 전환, 성장과 번영이라는, 변화를 향한 부르심입니다. 안정을 갈망하고, 한 곳에 터를 잡고, 있던 자리에 계속 머물고 싶어하는 것이 인간 본성의 일부이긴 하지만, 또 한편으로 '움직이지 않는 것은 살아 있지 않은 것이다'라는 것이 자연의 법칙이기도 합니다. 흐르지 않는 물은 썩고 말듯이, 우리 역시 움직이지 않으면 둔해지거나 굳어지고 맙니다. 물론 하나님의 부르심이 꼭 물리적 환경을 옮기라는 요구는 아니며(그러한 경우도 있기는 합니다), 대개의 경우엔 내적 환경을 옮기라는 요구입니다. 곧 변화하고 바뀔 준비를 하라는 것이죠.

아브람에게 말씀하신 음성은 오늘날 우리에게도 말씀하십니다. "너를 얽매고 있는 것들에서, 네 자아정체감에서, 네가 매일 살아가는 방식에서 떠나 내가 네게 보여줄 곳으로 가라."

하나님께서는 우리를 부르시고 우리가 대답하기를 기다리고 계십니다.

†

아브람아 두려워하지 말라. 나는 네 방패요, 너의 지극히 큰 상급이니라. 아브람이 이르되 주 여호와여, 무엇을 내게 주시려 하나이까. 나는 자식이 없사오니 나의 상속자는 이 다메섹 사람 엘리에셀이니이다(창 15:1-2).

더 읽어 볼 본문: 창세기 15:1-20

모든 것을 두고 떠나라는 말을 듣고 아브람이 실제로 어떻게 생각했는지는 알 수 없지만, 떠나고 난 뒤에 무슨 생각을 하게 되었는지는 알 수 있습니다. 창세기 15:1을 보면, 하나님께서 아브람에게 재차 말씀하시고, 15:2에서는 아브람이 대답하는데요. 사실 그 대답만으로는 아브람이 위로를 얻었는지 아니면 낙담을 했는지 알기 어렵습니다. 앞서 12장에서 아브람은 너무나도 훌륭한 반응을 보여줬는데요. 그때는 하나님께서 길을 보여 주시리라는 것 말고는 아는 것이 없었고 심지어 어디로 가야 하는지조차 몰랐지만, 그럼에도 모든 것을 두고 떠나 하나님과 동행할 준비가 되어 있었습니다. 그런데 15장에 오면 아브람이 훨씬 더 인간적인 반응을 보입니다. 저같은 사람이 보였을 반응 말이죠. 여기서 아브람이 저만큼이나 참을성이 없다는 것을 두고 기뻐해야 할지 아니면 실망해야 할지조차 잘 모르겠습니다만, 어찌 되었든 쟁점은 하나님께서 말씀하시는 취지를 아브람이 놓치고 있다는 것입니다.

하나님께서는 아브람에게 세 가지를 말씀하십니다.

✱ 두려워하지 말라.

✱ 나는 네 방패다.

✱ 네가 받을 상급이 아주 클 것이다.

두려워하지 말라

두려워하지 말라는 명령은 성경에서 놀라울 정도로 자주 나타납니다. 천사들이나 하나님의 환상이 나타날 때마다 거의 매번 두려워하지 말라고 안심시키는 표현이 함께 나옵니다. 이러한 표현이 반드시 필요한 까닭은 하나님의 임재 앞에서는 누구나 두려워하는 반응이 나오기 때문입니다. 히브리성경 전체를 관통하는 흐름이 하나 있는데요. 그 흐름 안에서는 하나님을 너무나 거룩한 분으로, 또 너무나 경외감을 불러일으키는 분으로 묘사하기 때문에 사실상 두려움이 그분의 임재 앞에서 느낄 수 있는 유일한 감정입니다. 반면, 기독교 전통 안에서는 대개 친밀감이 두려움을 대체하고, 세상을 향한 하나님의 위대한 사랑(의 흐름)이 두려움에 대한 전통을 뒤덮습니다. 그러나 하나님과 우리의 관계의 역설은, 그 관계 안에 사랑과 **동시에** 위험성이 있고, 친밀함과 **동시에** 두려움이 담겨 있다는 것입니다. 하나님께서 모든 것을 아우르는 깊고도 열정적인 사랑으로 우리를 사랑하시니, 그 사랑은 불처럼 따스하지만…

또한 위험합니다. 아브람은 분명 두려움을 느낄만 했습니다. 그래서 강하고 두려운 하나님께서 그 임재 가운데 아브람의 안전을 재차 보장하는 말씀을 하신 것입니다.

그런데 아브람의 반응을 보면 실은 아브람이 두려워했던 것은 하나님의 임재가 아닌 것 같기도 합니다. 아브람이 마주한 두려움은 하나님의 약속이 성취될 것인지 아닌지, 그 여부와 더 관련이 있는 것 같습니다. 아브람이 하나님의 말씀을 듣고 대답한 말에서 짐작되듯이, 아브람의 두려움은 자신이 거룩하고 강하신 하나님과 이야기를 나누고 있다는 것 못지않게, 약속의 성취와도 관련이 있어 보입니다. 창세기 12장에서는 담대하게 하나님의 말씀을 따르고 또 모든 인연을 두려움 없이 끊어버린 것처럼 보였지만, 정작 지금은 상당히 불안해 보입니다. 창세기 15:1에서 하나님께서는 아브람에게 힘을 주는 말씀을 하시지만, (바로 다음 절에서) 그 이야기를 들은 아브람은 하나님께서 아직 자신에게 아무것도 주지 않으셨고, 자신에게는 여전히 자녀가 없으며, 자녀가 없으니 다른 사람이 유산을 상속받게 될 것이라는 온갖 문제들을 지적합니다.

성경에서 담대함을 뒤잇는 의심이라는 패턴은 흔하게 등장합니다. 이를 보여주는 가장 적절한 예는 아마도 출애굽기에 나오는 이야기일 텐데요(출애굽기 12-16장). 출애굽기 이야기를 보면, 처음에 이스라엘 백성들은 담대하게 모세를 따라 홍해를 건너고 애굽에서 탈출합니다. 그런데 홍해 건너편에 이르자마자 그들은 애굽에 있을 때가 더 나았다고, 애굽에는 음식도 있었고 자신들이 어디에 있는지도 정확히 알았다고 투덜거리기 시작합니다. 이와 유사하게 아브람은 명령을 받은 대로 했는데도 자신이 원하는 것을 여전히 얻지 못함으로 인하여 두려움을 느끼고 있습니다.

나는 네 방패다

하나님께서는 아브람의 온갖 불안과 걱정을 예상하시고 그에 맞추어 말씀하십니다. 아브람은 두려워하지 말라는 말씀뿐 아니라, 두려워하지 않아도 되는 근거로서 하나님께서 그의 방패라는 말씀도 듣게 됩니다. 히브리성경을 보면 '하나님은 방패이시다'라는 묘사가 하나님에 대한 은유로 흔하지는 않아도 꽤 여러 번 나타납니다. 일례로, 신명기 33:29은 하나님을 가리켜 "너를 돕는 방패"로, 사무엘하 22:31은 "자기에게 피하는 모든 자에게 방패"로 묘사하고 있습니다. 이처럼 하나님은 두려운 존재라는 이미지와, 그분의 백성이 해를 당하지 않도록 방패처럼 지키시는 보호자라는 이미지가 나란히 등장합니다. 그런데 방패가 화살에 맞지 않도록 지키기는 하지만 전쟁을 막지는 않듯이, 이러한 이미지는 해를 입을 일이 전혀 일어나지 않을 것을 보장하지는 않습니다.

네가 받을 상급이 아주 클 것이다

아브람이 두려워하지 말아야 할 또 다른 이유는 그가 상급을 받을 것이며, 그것도 아주 큰 상급을 받을 것이기 때문입니다. 아브람의 대답에서도 엿보이듯이 그 역시 어쩌면 기다림과 씨름했는지도 모릅니다. 창세기 15:2에서 아브람의 대답은 "좋은 말씀이기는 하지만요, 저는 아이도 없는데 하나님께서 무엇을 하실 수 있는지 잘 모르겠습니다"라는 식으로 흘러가고, 여기에는 하나님께서 이미 약속해 주신 것이 많기는 하지만 아직은 정확히 뭐가 달라졌는지 잘 모르겠다는 의미가 담겨 있습니다. 이처럼 아브람의 관점은 사실상 우리의 관점과 그다지 다르지 않게 보입니다. 아브람은 하나님께서 상황의 변화를 위해 하실 수 있는 일이 아무것도 없다고 생각합니다. 왜냐하면 아무것도 바뀐 게 없었기 때문입니다. 그러니 앞으로도 바뀔 수 있는 게 없다고 판단한 것이죠.

한 가지 흥미로운 점은, 아브람이 하나님께서 가장 마지막으로 말씀하신 "너의 지극히 큰 상급이니라"에만 반응했다는 사실입니다. 아브람은 상급이 무엇이며 그것을 언제 받을 수 있을지에만 마음이 쏠려 그보다 훨씬 더 중요한 두 구절, "두려워하지 말라"와 "나는 네 방패다"는 한 귀로 듣고 한 귀로 흘린 듯합니다. 지금 동행하시고 도우시며 피난처가 되어 주시겠다는 하나님의 약속은 건너뛰고, 장차 자신에게 일어날 일에만 마음이 쏠린 것입니다. 아브람은 자신이 과거와 미래 사이에 끼어 있음은 느꼈지만, 현존하시는 하나님에 대한 믿음은 온전히 붙잡지 못한 것 같습니다.

이와 동일하게 하나님께서는 우리에게도 "두려워하지 말라, 내가 네 피난처다"라고 말씀하시며, 미래의 상급이 아무리 크다고 할지라도 상급을 황급히 쫓아가기보다는 잠시라도 "현존하시는 하나님"과 함께 가만히 머물기를 간절히 바라십니다.

†

사래가 아브람에게 이르되, 여호와께서 내 출산을 허락하지 아니하셨으니, 원하건대 내 여종에게 들어가라. 내가 혹 그로 말미암아 자녀를 얻을까 하노라 하매 아브람이 사래의 말을 들으니라(창 16:2).

더 읽어 볼 본문: 창세기 16:1-16

세탁기가 망가져서 세탁기 수리 서비스를 신청하고서 기다리고, 기다리고, 또 기다렸지만 아무도 오지 않았다고 생각해 보세요. 여러분은 자포자기하고서 결국 공구 상자를 꺼내 직접 문제를 해결하려 할 것입니다. 물론 여러분이라면 뛰어난 세탁기 수리기사가 되어 잘 고칠 수도 있겠지만, 저라면 바닥에 부품만 한 무더기 쌓여 세탁기는 온데간데없이 사라지고 결국 나가서 새로운 세탁기를 사게 될 것입니다. 창세기 16장의 사래와 하갈 이야기도 이와 비슷합니다. 아니, 오히려 열 배는 더 나쁜 상황입니다. 마음뿐만 아니라 삶 전체가 망가져 영향을 받게 되었니까요.

창세기 16장에 이르면, 15장에서 아브람에게 보였던 불안감이 줄어드는 것이 아니라 오히려 더 커집니다. 15장 끝부분에서 (동물을 반으로 가르고, 연기 나는 화로가 그 반쪽들 사이로 지나가는 일을 포함하여) 극적인 언약(체결) 의식이 있었고, 또 그 일로 아브람은 하나님 편에서 약속된 일은 반드시 성취가 된다는 것을 알게 되었으니, 분명 이쯤되면 미래에 대한 두려움이 가라앉았어야 합니다. 하지만 16장 첫 머리를 보면, 사래와 아브람은 아이를 낳을 수 없다는 사실에 대해 불안감을 표출하며 대화하고 있습니다.

수천 년이 지난 우리의 관점에서는 그저 사래가 하나님의 약속을 믿지 못했다고 판단하기 쉽지만, 우리가 알기로 사래는 불임이었습니다. 아브람과 사래는 그 땅에 **십 년 동안** 있었고, 이제 사래는 늙었으니(적어도 늙었다는 암시가 있습니다. 창세기 16:16에서 아브람은 86세라고 나오는데, 17:17에 나오는 나이에서 거꾸로 계산해보면 이 대화 당시 사래는 75세입니다), 사래에게 남은 선택지는 거의 없었습니다. 간단히 말해서, 사래도 또 사래와 함께 아브람도 희망을 포기할 수 밖에 없었습니다. 임신하려고 애를 써본 사람이라면 누구나 사래와 아브람의 절망을 이해할 수 있습니다. 기다림, 희미하게 깜빡이는 희망, 또다시 임신이 아님을 확인하는 절망이 이어지면, 그 누구라도 간절하여 극단적인 행동으로 돌아설 수 있습니다. 물론 간절함 가운데 나온 극단적인 행동의 문제는, 그 행동의 결과를 계속해서 떠안고 살아가야 한다는 것입니다.

하나님께서 아브람에게 하신 약속이 성취되지 않자 사래는 그 문제를 스스로 해결하는 쪽으로 돌아섰습니다. 반쪽짜리 약속이라도 아예 없는 것보다는 나아 보였으니까요. 사래의 해결책은 곧 자신의 아이가 아니라 하더라도 아브람의 아이를 갖는 것이었습니다. 얼핏 보면, 이 방법은 아주 뛰어난 발상입니다. 사래가 지나가듯이 하는 말에서 우리는 사래가 무엇을 바라는지를 알 수 있는데요. 바로 자신의 노예에게서 태어난 아이가 자신의 아이가 되었으면 하는 바람입니다. 사실 대리 임신은 고대 세계에선 아주 흔한 일이었고, 여자들이 임신하지 못하면 상당한 수치를 당했기 때문에, 당시 문화에서 그것은 어느 정도 필요한 제도이기도 했습니다. 이후에 사래와 비슷한 상황이 사래의 손자 며느리인 라헬에게도 일어나는데요. 사래와 마찬가지로 라헬도 임신을 하지 못하자 자신의 노예인 빌하를 대리모로 추천하게 됩니다(창 30:3). 그리고 바로 그 결정 때문에 가정에 불화가 일어나고 이후 계속해서 그 문제를 안고 살아가게 됩니다.

실제로 당시에 대리 임신이 얼마나 흔했던지, 고대 법전들 중 하나이자, 바빌론에서 나온 가장 초기 법전들 중 하나인 함무라비법전을 보면, 첩이 대리모 역할을 하고 나서 여주인과 동등한 신분을 주장한다면, 그녀를 다시 노예로 삼으라고 명시하고 있습니다. 다시 말해, 사래가 이후 강하게 분노를 표출한 까닭은 그녀가 함무라비법전(의 내용)을 인정하고 여주인이 노예들을 지배하는 땅에서 자랐기 때문입니다. 그런데 이제는 낯선 땅에서 그러한 법률 조항도 없이, 그녀가 어린 시절에 배운 법칙도 인정하지 않는 애굽 노예 하갈과 함께 있게 된 것입니다.

사래의 상처와 분노의 배후 사정이 어떻든지 간에, 사래는 아브람의 허락 하에 하갈을 모질게 대했습니다. 여기에서 '가혹하게'(harshly, NRSV는 이 단어를 사용합니다 - 역주)로 옮겨진 히브리어 단어는 괴롭히거나 멸시했다는 의미였으니, 어쩌면 사래가 직접 함무라비법전을 제정하려고 했다는 뜻인지도 모릅니다. 심한 핍박을 받게 된 하갈은 결국 도망쳤습니다. 이후 하나님의 보호를 약속받고 잠시 돌아오기는 하지만, 결국 이삭이 태어났을 때 아브람으로부터 재차 쫓겨나게 되고 하나님께서는 그런 하갈을 광야에서 다시 한번 구해 주십니다(창 21:14-21).

이 이야기의 비극은, 사래가 하나님께서 약속하신 일을 손쉽게 얻으려고 했다는 사실 때문에, 아브람과 사래 그리고 하갈과 이스마엘의 인생이 일제히 엉망이 되었다는 것입니다. 아무리 사래가 간절히 아이를 바란 것에 공감이 되고 또 하나님께서 주신 약속의 성취를 간절히 바란 것에 동정하는 마음이 들더라도, 그녀가 아브람의 묵인 아래 취한 행동 때문에 아무 관계없는 두 사람의 인생이 (하나님께서 개입하셔서 구해 주시지 않았더라면) 망가질 뻔했다는 사실은 회피할 수 없습니다.

이 이야기에서 우리는 기다리지 못하거나 기다리지 않으려고 할 때 일어나는 문제를 보게 됩니다. 사래의 해결책이 겉으로 보기에는 괜찮아서, 얼핏 아이가 없는 문제를 해결한 것처럼, 또 하나님의 약속의 성취를 향해 한 걸음 나아간 것처럼 보이기도 합니다. 그러나 사래는 자신에게 당장에 필요한 사안만을 봤기 때문에, 자신의 계획이 성공한 뒤에 (하갈이 자신을 업신여긴다면) 어떻게 될지, 혹 그 계획이 다른 이들의 인생에 어떠한 영향을 미칠지를 전혀 생각하지 못했습니다. 대개 즉각적인 행동으로는 당장의 필요만이 해결될 뿐이고, 우리의 예상을 훌쩍 벗어나는 결과들이 연이어 벌어질 수 있습니다.

이와 달리 기다림은 얽히고설키는 결과를 낳는 쉬운 해답으로 돌진하지 않고, 자신의 행복뿐만 아니라 주변 사람들의 행복도 함께 고려하는 길로 우리를 이끕니다. 기다림은 곧 다르게 보는 것이고, 빠른 대응책이 언제나 최선의 대응책은 아님을 인정하는 것입니다.

✝

이제 후로는 네 이름을 아브람이라 하지 아니하고 아브라함이라 하리니, 이는 내가 너를 여러 민족의 아버지가 되게 함이니라. … 하나님이 또 아브라함에게 이르시되, 네 아내 사래는 이름을 사래라 하지 말고 사라라 하라(창 17:5, 15).

더 읽어 볼 본문: 창세기 17:1-15

이름에는 무엇이 들어 있습니까? 실제로 많은 것이 이름 안에 들어 있습니다. 저처럼 오팔 프루츠와 마라톤즈를 기억하는 사람에게 그 둘은 언제나 오팔 프루츠와 마라톤즈이지 스타버스트와 스니커즈가 아닙니다(스타버스트 캔디와 스니커즈 초콜릿의 옛 이름이 오팔 프루츠와 마라톤즈입니다 - 역주). 이름이 중요한 이유는 단순히 문자 여럿을 늘어놓는 것 그 이상의 의미를 전달하기 때문입니다. '오팔 프루츠'라는 단어는 지금도 저에게 톡 쏘는 맛과 함께, 씹어 먹다보면 금방 사라져서 또 하나를 먹어야 한다는 느낌을 주는 반면, '스타버스트'라는 말은 아무런 느낌도 주지 못합니다. 현실적으로 그 누가, 좋아하지도 않는 대상의 이름을 따서 자기 아이의 이름을 지을 수 있겠습니까?

성경 저자들은 이름의 중요성을 너무나 잘 알고 있었습니다. 이름은 단순히 그 이름을 구성하는 문자보다 훨씬 더 중요한 의미를 담고 있습니다. 특히 성경 안에서 이름과 이름의 의미는 아주 중요합니다. (성경 안에서) 이름은 그 사람과 관련된 무언가를 알려 주는데요. 그 사람의 정체, 됨됨이, 심지어 그 사람에게 앞으로 일어날 일까지 알려줍니다. 성경 안에서 이름의 변경이 중요한 이유는, 그 사람을 부르는 말뿐만 아니라 그 사람의 됨됨이와 장차 일어날 일에도 변화가 있게 될 것을 암시하기 때문입니다.

아브람과의 언약 체결에 대한 이 두 번째 이야기를 보면, 그 약속에 양쪽 당사자의 행동이 동반된다는 것을 알 수 있습니다. 하나님께서는 장차 아브람과 사래에게 일어날 일에 대한 상징으로서 그들의 이름을 바꾸셨고, 아브람은 그 언약을 받아들인다는 상징으로서 자신과 나머지 가족들에게 할례를 행했습니다. 이와 같은 이름의 변경이 조금 헷갈리긴 해도 아주 중요하다는 점은 분명합니다. 창세기 17장의 말씀에 따르면, 하나님께서 아브람을 많은 민족의 조상으로 세우셨기 때문에 그 이름을 아브람에서 아브라함으로 바꾸셨습니다. 쉽고 간단한 것 같지만 잠시 멈춰서서 히브리어를 생각해보면 그렇지만도 않습니다.

아브람은 '아버지'를 뜻하는 아브(ab)와 '찬양하다'를 뜻하는 람(ram)으로 구성되어 있어서, 대략 '찬양의 아버지'라는 의미이지만, 그 찬양의 대상이 아브람인지 아니면 하나님인지는 분명하지 않습니다. 문제는 아브라함이라는 이름에 있는데요. 이 이름은 그저 아브람이라는 이름을 늘여놓은 것에 불과한 것처럼 보이기 때문입니다. 성경 히브리어에서 라함(raham)이 '다수'를 의미한다는 증거는 발견되지 않습니다. 이를 두고 '다수'를 뜻하고 아브라함과 비슷해 보이는 단어가 과거에는 있었지만 지금은 사라졌다는 식으로 설명할 수도 있을 것입니다. 또한 그 말이 지금도 존재하는 단어이자 '다수'라는 뜻을 가진 하몬(*hamon*)에 대한 일종의 언어유희라고 설명할 수도 있을 거고요. 물론 어느 쪽이 맞는지가 그렇게 중요한 문제는 아닙니다. 오히려 성경 안에서는 이름의 의미가 그 이름의 소유자만큼이나 중요하다는 사실에 관심을 쏟는 것이 더 중요합니다.

성경 안에서 제가 가장 좋아하는 이름의 변경은 사래가 사라로 바뀐 것입니다. 사실 사래와 사라는 히브리어로는 같은 의미입니다. 둘 다 공주를 뜻하죠. 여기서 하나님이 **눈에 띄는** 변경은 하지 않으셨지만 미세한 변경을 하셨다는 것이 중요한데요. 히브리어에서 **사래**(*sarai*)는 '나의 고통'을 뜻하는 **차래**(*tza-rai*)와 아주 비슷하게 들립니다. 그런데 이름이 변경된 결과, '나의 고통'과 비슷하게 들리던 이름이 '공주'라고만 들리게 된 것입니다. 이와 같은 변경을 둘러싼 따스한 배려는 감동적이면서 또한 강렬합니다. 그녀의 인생은 너무나도 많은 고통과 실망으로 점철되어왔지만, 이제는 공주로만 기억될 수 있게 된 것입니다. 하나님께서는 아브람과 사래의 이름을, 각기 아브라함과 사라로 바꾸셔서 하나님의 뜻을 분명히 밝히셨습니다. 이제 하나님의 약속이 두 사람의 정체성과 결합되어서,

그 이름을 말하는 자마다 그들을 향한 하나님의 약속을 기억하게 될 것입니다.

이름의 변경은 또한 위안을 주는 역할도 합니다. 창세기 이야기에 나오는 시간에 비추어 보면(물론 우리는 그 시간의 길이가 다소 과도하다는 점은 인정해야 합니다), 아브람과 사래는 아주 오랜 기간을 옮겨 다녔습니다. 지금 아브람은 99세인데, 이스마엘이 태어났을 때는 86세였고 그 당시 아브람과 사래는 가나안에 거한 지 10년이 되었던 때였습니다. 즉, 두 사람은 26년 동안 기다림 속에서 하나님을 따랐지만 점차 불안감을 느끼게 되었을 것입니다. 잠깐만 생각해 봐도, 이들에게 피어오른 불안과 긴장과 고통을 가늠해 볼 수 있습니다. 바로 이러한 상황 속에서 하나님께서는 그들의 이름을 바꿔주셨고, 그것은 곧 더 큰 일, 미래에 대한 약속을 상징했습니다. 부모가 자녀의 이름을 짓는 것은 앞으로 그 인생의 방향을 소망하는 행동이지만, 성인이 되어 이름을 바꾸는 것은 곧 정체성을 재인식함과 더불어 미래의 약속을 훨씬 더 확실하게 못박는 행동입니다.

그런데 이 시점에서 하나님이 두 사람에게 약속을 하나 더 주시는 것이 아니라, 그 둘을 비참한 상황으로부터 건져 주시고, 아들을 주셨어야 하는 것이 아닌가 하는 의아함이 듭니다. 하지만 이에 대한 설명은 더 이상 나오지 않습니다. 그저 더 기다릴 필요가 있으며, 아직은 하나님의 약속이 성취될 수 없다는 아주 단순한 암시만 있을 뿐입니다. 그 이유가 무엇이었는지는 정확히 알 수 없습니다. 아브라함과 사라, 두 사람이 하갈을 학대한 일 역시 성급하게 비난하기는 쉽지만, 진짜 이유는 여전히 수수께끼입니다. 다만 기다림이 중요했을 것 같다고 추측해 볼 뿐이죠. 아브라함과 사라는 미래의 약속과 연결되었고, 기다림은 하나님의 고문이 아니라 선물이었지만, 그 선물은 두 사람이 온전히 헤아릴 수 없는 선물이었습니다. 새 이름과 함께 아브라함과 사라에게 주어진 하나님의 약속은 풍성하고도 자비로웠습니다. 그 약속은 곧 아브라함은 많은 사람들의 아버지가 될 것이고, 사라는 고통스러운 기색이 전혀 없는 공주가 될 것이란 약속이었습니다. 물론 두 사람이 하나님 안에서 새로운 정체성이라는 선물을 받아들일 준비가 되어 있었는지, 아니면 여전히 그 눈이 장차 받을 상급에만 고정되어 있었는지와 같은 의문이 남아 있습니다.

어찌되었든 이 이야기는 대림절을 기다리는 시간의 폭을 줄여줍니다. 26년과 비교하면 4주는 아무것도 아니니까요. 그와 동시에 기다림이 계속해서 연장되고 있는 이들에게는 위로를 줍니다. 문제의 해결이 우리가 기대한 대로, 우리가 바라는 속도대로 되지 않을 수 있습니다. 때로는 전혀 해결이 되지 않을 수도 있고요. 하지만 아무리 미래가 불확실하다고 해도 하나님의 임재와 약속은 지금도 계속됩니다.

✝

> 네 아내 사라에게 아들이 있으리라 하시니 사라가 그 뒤 장막 문에서 들었더라. 아브라함과 사라는 나이가 많아 늙었고 사라에게는 여성의 생리가 끊어졌는지라. 사라가 속으로 웃고 이르되 내가 노쇠하였고 내 주인도 늙었으니, 내게 무슨 즐거움이 있으리요(창 18:10-12).

더 읽어보기: 창세기 18:1-15

저는 가장 적절치 않은 순간에 웃는 버릇이 있는데요. 이 버릇은 나이가 들어서도 고쳐지지 않았습니다. 마치 발 주위 어딘가에서 거품이 보글거리기 시작하다가 천천히 떠올라오는 기분과도 같은데요. 참으려고 애쓸수록 그 거품은 더 빨리 올라옵니다. 그나마 나이가 들면서 변한 것은, 그 버릇을 예전보다는 더 잘 숨길 수 있게 되었다는 점입니다. 그래서 저는 사라가 무심코 웃음을 터뜨린 일에 전적으로 공감합니다. 사라가 웃음을 터뜨리긴 했지만 사실 그 웃음은 장막 안에서 터진 것입니다. 만일 손님들 중 한 분이 하나님이 아니셨다면 웃음소리가 들리지도 않았을 것입니다. 그래서 저는 사라가 좀 안쓰럽게 느껴지기도 합니다.

사라의 웃음이 제 머리에서 계속해서 맴도는 까닭은, 그 웃음 아래에서는 감정이 크게 소용돌이치고 있음을 잘 알기 때문입니다.

✱ 먼저 그 웃음은 '농담일거야. 나는 불임이고 늙었는데, 정말로 말도 안 되는 생각이야' 하며 그 약속이 완전히 터무니없음을 표현합니다.

✱ 하지만 그 웃음에는 '네, 지난번에도 그렇게 약속하셨고 요. 아, 그전에도 약속하셨고요. 그래요. 그보다 더 전에 도 약속하셨네요. 제가 그 약속에 또 속아 넘어가리라고 기대하지 마세요' 하는 비통과 냉소도 어려 있습니다.

✱ 또한 그 웃음에는 '아브라함과 나는 너무 늙어서, 우리 나이에는 그런 기쁨을 기대할 수가 없을 것 같아. 안 그 래? 그런 기쁨을 기대한 때도 있었지만 우리는 그 때를 이미 놓쳐버린 것 같아. 이제는 너무 늦지 않았나?' 하 는 한 가닥의 희망이 섞여 있기도 합니다.

사라는 이렇게 실소와 냉소와 아쉬움이 뒤섞인 웃음을 터뜨린 것입니다. 그리고 그 모든 것을 들으신 하나님은 사라의 웃음 이면에 있는 온갖 고통과 배신감을 헤아리시고, 그 약속의 실재성을 재차 보증하십니다.

바로 이 시점에 나타나는 사라의 반응이 흥미롭습니다. 웃음을 터뜨릴 때는 진심으로 속에 간직하던 감정을 표출했지만, 그 웃음의 의미를 인식한 순간 사라는 뒤로 물러서서 자기가 웃은 적이 없다고 주장합니다. 무서웠기 때문이죠. 그리스어 역본은 이 히브리어 본문을 "그녀가 무서워했다"로 번역하는데요. 이는 마가복음 끝부분에 나오는 "그들이 도망하고, 무서워했다"(막 16:8)와 구조가 완전히 동일합니다. 어떤 면에서 보면 이 구조가 그렇게 특별한 구조는 아닙니다. 그리스어에서 '왜냐하면'(for)을 포함하는 두 단어짜리 문장을 만들려고 한다면 그 단어는 두 번째 위치에 놓일 수밖에 없고 다른 자리로는 갈 수가 없기 때문이죠(해당 그리스어 단어 가르[gar]는 후치사이기 때문입니다 - 역주). 그럼에도 불구하고 이 문장의 간결함과 투박함이 눈길을 끄는 것은 사실입니다. 창세기와 마가복음, 두 이야기 사이에 병행도 눈에 띄는데요. 사라의 경우 약속의 성취를 기다리고 또 기다렸지만, 막상 그 성취가 가까워지자 두려움이 엄습했습니다. 사라는 자신이 (자기가 웃어넘긴) 약속도, 그 약속에 대한 그녀의 반응을 헤아리신 하나님의 따스한 시선도 받아들이지 못하고 있음을 깨닫습니다. 이와 유사하게 무덤에 온 여자들 역시 하나님의 구원의 약속이 성취되기를 기다리고 또 기다렸습니다. 그녀들은 예수님께서 살아계시기를 무엇보다도 바랐지만, 정작 예수님의 부활 소식 앞에서는 두려워서 도망쳤습니다.

간절히 원해도 결코 이룰 수 없었던 일이 이루어지기 시작할 때 정작 그것을 감당하기가 쉽지 않다는 것이 인간 본성의 한 부분입니다. 그녀들이 하나님의 임재 가운데 당면한 그 순간을 잘 기다렸다면 달라졌을까요? 그녀들이 하나님의 개입을 예비하며 준비하고 있었다면 약속의 성취에 잘 대처할 수 있었을까요? 그랬을 것이라고 짐작하는 것은 지나치게 단순한 대답인 것 같습니다. 사라도 예수님의 무덤에 찾아간 여자들도 내면 깊은 곳에 있었던 진짜 감정으로 반응했습니다. 물론 그렇게 하는 게 당연했습니다. 그런데 여기서 사라에 대한 하나님의 반응이 무척이나 흥미롭습니다. 하나님께서는 사라가 두려워한다고 해서 책망하진 않으셨지만, 사라가 정말로 웃었다고 분명하게 되짚어주셨습니다. 그녀가 진짜 감정을 감추고 가면 뒤로 숨게 놔두지 않으셨습니다("아니라 네가 웃었느니라"[창 18:15]). 이는 우리와 동행하시려는 하나님의 열망을 다시한번 되짚게 만드는데요. 우리에게 주어지는 요구는 결국 자신의 감정에 솔직해지라는 것입니다. 그래야 하나님께서 확신의 말씀—"기한이 이를 때에 내가 네게로 돌아오리니"(창 18:14)—을 주실 때, 그 말씀을 정말로 받아들일 수 있으니까요.

물론 이 이야기는 창세기 21장처럼 아름다운 결말로 이어집니다. 정말로 사라가 아들을 낳게 된 것입니다. 사라는 그 아들을 '이삭'이라고 이름 짓는데, 이는 히브리어에서 웃음을 의미합니다. 하나님께서는 사라의 얄궂은 상황과 비통과 갈망을 취하셔서, 순전한 기쁨의 소리로 뒤바꾸셨습니다. 사라가 창세기 21:6에서 "하나님이 나를 웃게 하시니 듣는 자가 다 나와 함께 웃으리로다"라고 말한 것처럼요. 이제 더 이상 사라는 멸시받고 낙담한 늙은 여자가 아닙니다. 사라는 이제 기쁨의 샘입니다. 사라가 웃으면 누구든 따라 웃게 되니 곧 모든 친구들에게 기쁨을 가져다주는 기쁨의 샘이 된 것입니다.

사라의 웃음 이야기는 하나님의 본성에 대하여 중요한 내용을 전달합니다. 바로 하나님은 우리의 냉소적이거나 수심에 잠긴 웃음을 취하셔서, 그것을 순전한 기쁨(의 함성)으로 바꾸고 싶어하는 분이시라는 점입니다. 하나님은 창조하시고 재창조하시며, 생기를 불어넣으시고 소생시키시는 분입니다. 또한 하나님은 우리 감정의 깊숙한 곳까지 새 생명을 불어 넣기를 갈망하시는 분입니다. 즉, 하나님은 우리가 냉소적인 감정을 비롯하여 진짜 감정이 표출되는 순간을 받아들이도록("아니라 네가 웃었느니라"[창 18:15]), 그래서 그 순간이 남들을 웃게 하는 즐거운 웃음소리로 변하도록 이끄시는 분입니다.

✝

네 아들 네 사랑하는 독자 이삭을 데리고 모리아 땅으로 가서 내가 네게 일러 준 한 산 거기서 그를 번제로 드리라(창 22:2).

더 읽어 볼 본문: 창세기 22:1-19

저의 아버지에게는 책이 없는 문화에 사는 사람들에게 말씀을 잘 전달하는 특별한 은사가 있습니다. 아버지는 실제 예화를 많이 사용하셨고 또 변장을 자주 하셔서 설교가 항상 시각적이었습니다. 많은 사람들이 아버지의 설교에 깊이 감동을 받았지만, 그중에서도 특별한 설교 하나가 제 기억 속에 계속해서 남아 있습니다. 제가 열 살쯤 되었던 어느 날, 설교의 본문이 창세기 22장, 이삭의 번제였습니다. 그 설교 가운데 제가 한 역할을 맡아 참여한 일이 있었는데요. 바로 이삭의 역할이었습니다(저한테 남자 형제가 없기 때문이지요). 아버지는 저를 적당히 탁자 위에 눕혀 놓고는 모형 칼을 잡고서 마치 저를 죽이려는 듯이 그 칼을 치켜드셨습니다. 당시 회중들은 그 장면을 아주 유용한 예화로 여겼겠지만, 그 후로 저는 줄곧 그 이야기를 싫어하게 되었습니다.

그렇지만 그 설교는 목적을 달성했습니다. 저는 그 이야기 밑바닥에 흐르는 난해한 흐름과 함께, 그 이야기 자체를 제대로 파악하게 되었습니다. 그 역할을 맡지 않았다면 저는 그 일이 이삭에게 어떠한 의미였을지 정확히 파악하거나 깨닫지 못했을 것입니다. 흔히 그 구절을 두고 아브라함의 신실함을 보여 주는 사례로 여기곤 하지만, 저의 경우 확고하게 이삭 편입니다. 자기 아버지의 신실함과 하나님의 관용을 증명하는 일에 왜 이삭이 동원되어야 했을까요? 이 부분을 더 면밀히 연구하면서 저만 이 구절에 관해 그러한 질문을 던진 것이 아니라는 사실을 알게 되었는데요.

유대 전통에서 이 이야기는 히브리어로 결박을 뜻하는 '아케다'(Aqedah)로 알려져 있습니다. 아케다와 관련된 전통이 많이 있는데, 그중 한 전통의 경우 이삭이 이스마엘과 대화를 나누는 가운데 자신이 무슨 일을 하고 있는지 충분히 인지하고서, 37세의 나이에 스스로를 제물로 바쳤다고 이야기합니다. 이와 유사한 전통이 쿠란(Qur'an)에도 있는데, 이삭보다는 이스마엘에 좀 더 초점을 두고 있습니다. 그곳에서 아브라함은 이스마엘을 번제로 드리라는 하나님의 명령을 자신의 아들과 공유하고, 또 이스마엘은 하나님께서 원하시는 일을 해야 한다는 데 동의합니다. 이 두 전통 모두 아들—이삭이든 이스마엘이든—이, 그 결정에 참여했음을 내비치는데요. 그렇게 하면 창세기의 이야기를 훨씬 더 수월하게 받아들일 수 있기 때문입니다.

물론 창세기 22장이 아브라함의 관점에서만 전해진다는 점을 염두에 두는 것이 중요합니다. 하나님께서 아브라함에게 하신 명령과 그 명령에 대한 아브라함의 해석은 전적으로 아브라함의 시각에서만 전해집니다. 왜 하나님께서 아브라함에게 그와 같은 행동을 하라고 명하셨는지, 또 실제로 하나님께서는 뭐라고 말씀하셨는지, 그리고 이삭이 앞으로 일어날 일과 관련해 하나님으로부터 조금이라도 들은 말이 있는지에 대해서 우리는 알 수 없습니다. 이 이야기의 등장인물의 수가 셋, 혹 사라까지 포함한다면 넷이지만, 우리는 한쪽 당사자의 이야기만 들을 수 있습니다. 그러니 어쩌면 나머지 세 당사자, 즉 하나님과 이삭과 사라는 다르게 이야기했을지도 모릅니다.

또 다른 해석은 곧 이 이야기가 (주변 일부 문화에서는 아동 번제가 중요한 역할을 했지만 그와 달리) 하나님께서 아동 번제를 허락하지 않으심을 보여 주는 수단이라는 것입니다. 즉, 이 이야기의 진짜 핵심은 하나님께서 그와 같은 행위를 허락하지 않으심을 보여

주는 데 있다는 것입니다. 이 또한 뛰어난 해석이지만 어딘가 필사적인 느낌도 없지 않습니다. 사실 창세기 본문에는 이러한 해석을 내비치는 내용이 없고, 아브라함 시대 전에는 아동 번제가 그렇게 흔한 일도 아니었기 때문입니다.

그렇다면 우리에게는 하나님의 알 수 없는 신비가 그대로 남아있는 셈입니다. 이처럼 성경 안에서 종종 하나님께서 이해할 수 없는 방식으로 행동하시는 것처럼 보일 때가 있습니다. 그러한 경우에 우리는 다양한 선택지를 마주하게 됩니다.

✱ 그러한 이야기를 못 본 척하고, 그것을 너무 자주 생각할 필요가 없다고 여긴다(많은 이들에게 인기 있는 선택!).

✱ 그러한 이야기의 좋은 면에 집중한다("아브라함의 신실함과 하나님의 자비를 보여 준다"). 그리고 나머지는 문화적으로 영향을 받은 부분이라고 여긴다.

✱ 하나님의 행동을 더 구미에 맞게 설명할 수 있는 해석을 찾는다("이삭은 자신이 겪을 일을 알고 있었고, 번제에 동의했다").

✱ 그러한 이야기의 알 수 없는 부분에 머물면서 그 부분과 씨름한다.

그러한 전통을 해결하려고 씨름한다는 네 번째 해결책이

제가 가장 좋아하는 선택지입니다. 저는 야곱의 이야기가 성경을 해석하는 일에 대한 탁월한 은유라는 생각을 자주 합니다. 야곱은 아침까지 천사와 씨름하다가 부상을 입고 걸어 나왔지만 그럼에도 결국 복을 받았습니다(창 32:22-32). 우리가 그저 쉬운 선택지를 쫓아간다면 결국 하나님을, 우리가 되고 싶은 하나님 혹은 우리가 원하는 하나님으로 길들이는 위험에 빠질 수 있습니다. 그러나 하나님은 우리가 되고 싶은 유형의 하나님이 아니시며, 또 항상 우리가 선호하는 유형의 하나님이 아니십니다. 하나님은 하나님이셔서 사랑하는 피조세계 전체를 바라보는 분이시며 또한 성경이 항상 우리 마음에 들게끔 하나님을 소개하는 것은 아니기 때문에, 우리는 앞서 말한 문제와 씨름해야 하고, 싸워야 하고, 소리 질러야 합니다. 그럴 때에 우리는 처음과 같은 우리가 아니라는 의미에서 '부상을 입고' 걸어 나오게 됩니다. 우리는 앞서 언급한 번제 이야기를 여전히 싫어하지만 그럼에도 어떤 식으로든 그 이야기가 우리를 변하게 하는 것은 허용할 수 있습니다. 성경을 읽다보면, 특히 히브리성경을 읽다보면 한 가지 중요한 사실을 알게 되는데요. 바로 하나님께서는 우리가 논쟁을 벌인다고해서 언짢게 여기지 않으시며(창세기 18장 끝부분에서 아브라함은 소돔의 멸망을 놓고서 하나님과 논쟁을 합니다), 오히려 논쟁에 참여하기를 바라신다는 점입니다. 제 생각에는 하나님께서 결코 바라지 않으시는 일은 오히려 하나님은 그런 분이 아니라고 말하며 애써 고상한 척을 하는 것입니다.

물론 아브라함이 받은 이상한 명령 때문에, 하나님께서 하나님의 약속을 스스로 위태롭게 하시는 것처럼 보이기도 합니다. 마침내 아브라함이 수많은 자손으로 이어질 상속자를 얻게 되었는데, 바로 그때에 하나님은 처음부터 전부 다시 시작하려고 하시는 것처럼 보이기도 하고요. 이것은 마치 목표가 중요한 것이 아니라 길을 따라가는 여정이 중요하다고, 또 우리와 동행하는 자가 누구인지를 아는 것이 중요하다고 하나님께서 말씀하시는 것처럼 느껴집니다.

묵상 마무리

아브라함과 사라의 이야기는 기다림에 관한 **탁월한** 이야기입니다. 이번 장의 첫머리에서 묘사한 것처럼, 두 사람을 고향에서 불러낸 약속은 결국에도 여전히 성취되지 않았습니다. 아브라함의 자손은 아직 다수가 아닙니다. 또 이어지는 사건들을 통해 알 수 있듯이, 그 자손들이 애굽에서 다수가 되었을 때는 그 땅이 더는 그들의 소유가 아니었습니다. 하나님께서 아브라함에게 주신 약속은, 마침내 그 다수가 여호수아의 지휘

아래 그 땅을 차지하고 정착하기 전까지도 위태롭게 흔들립니다. 물론 그때마저도 하나님과 그들의 관계가 그저 그것이 전부는 아니었는지 의구심이 들고요.

히브리성경 곳곳에서 흘러나오는 주제는 곧 하나님의 약속의 목표에 대한 것입니다. 그 약속의 목표가 아브라함에게는 상속자, 모세에게는 땅이었지만, 이내 그 목표는 하나님께서 그들을 짓밟히고 압제받는 민족이 아닌 크고 위대한 민족으로 만드실지와 같은 사안으로 바뀌게 됩니다. 그러한 이야기 곳곳에서 우리는 하나님께서 사람들 곁에 계시면서 그들이 제때에 멈추기를 바라시고, 또 그러한 목표가 사실 가장 중요한 것은 아니라는 점을 깨닫길 원하시는 모습을 봅니다. 그러한 목표보다 훨씬 더 중요한 것은, 우리와 함께 길을 걸으시며 기다림이 성취만큼이나 중요할 수 있음을 우리가 깨닫도록 도우시는 하나님의 임재입니다.

아브라함과 사라는 우리에게 믿음의 표상일 뿐만 아니라 또한 기다림의 표상이기도 합니다. 이 기다림은 하나님과 함께하는 우리 여정 가운데 꼭 필요한 기다림이요, 하나님의 계획이 제대로 펼쳐지는 데 있어서 중대한 기다림입니다. 또한 우리가 기다리는 대상만큼이나 중요한 기다림이기도 합니다. 하나님께서는 종종 우리에게 가라고, 떠나라고 명하시지만,

어디로 가야 하는지, 왜 가야 하는지를 늘 알려주시는 것은 아닙니다. 그렇지만 때로 우리는 기다림 그 자체에서 의미를 발견할 수 있습니다.

저는 자를 구원하며, 쫓겨난 자를 모으며, 온 세상에서 수욕

받는 자에게 칭찬과 명성을 얻게 하리라(습 3:19)

2장 선지자들

여호와의 날을 기다림

들어가며

대림절 화환에 있는 두 번째 양초는 선지자들과 관계가 있는데요. 구체적으로 "오실 그분"에 대한 예언과 관계가 있습니다. 그러므로 이 촛불과 함께 우리는 미래를 기다리고, 또 미래가 품고 있는 모든 것을 기다립니다. 그런데 이 말을 하자마자 우리는 다음과 같은 근본적인 질문을 던지게 됩니다. 바로 '지금 말하는 미래는 정확히 어떤 미래를 말하는 것인가?'(라는 질문입니다.)

* 예수님 시대 이전에 성취되었을 수도 있고 또 성취되지 않았을 수도 있는 선지자들의 미래일까요?
* 예수님 시대에 성취된 이스라엘의 미래일까요?

✱ 모든 시대의 마지막에 (또 우리 평생에 부분적으로) 성취될 우리의 미래일까요?

이 질문들에 대한 대답이 헷갈리는 이유는 그 대답이 각기 "예, 맞습니다"도 될 수 있고 동시에 "아니요, 그렇지 않습니다"도 될 수 있기 때문입니다. 먼저 그 대답이 "예, 맞습니다"인 까닭은 대림절에는 이 각각의 미래를 기다리고 또 기대하기 때문입니다. 반면, 그 대답이 "아니요, 그렇지 않습니다"인 까닭은 각각의 미래는 나머지 다른 미래들 없이는 불완전하기 때문입니다. 흔히 예언의 성취를 설명하는 일을 망원경에 비유하곤 합니다. 망원경을 당기면 가까이에 있는 경치를 볼 수 있고, 반쯤 늘이면 조금 더 멀리 있는 경치를 볼 수 있으며, 최대한으로 늘이면 아주 먼 곳까지 볼 수 있습니다. 어떤 면에서 보면 선지자의 예언이 바로 이와 같아서, 선지자 자신의 상황에 참이면서 예수님의 상황에도 참이고, 예수님의 상황에 참이면서 우리 상황에도 참이고, 우리 상황에 참이면서 마지막때에 참이기도 합니다. 물론 여기에는 예수님의 상황보다 더참인 상황은 없다는 분명한 단서가 붙습니다. 또한 만일 어떤예언이 더 참이거나 혹 덜 참일 수도 있다고 한다면, 그 예언은 오로지 예수님께 대해서—그리고 아마도 마지막 때에 대해서—만 완전히 참이라 할 수 있습니다. 그 외 경우에는 부분적으로 혹 파편적으로 참이라고 할 수 있겠고요. 즉, 참이긴 하지만 깊이와 넓이는 다소 부족한 경우가 있을 수 있습니다.

이제 "우리는 정확히 무엇을 기다리고 있는 것입니까?"라는 질문이 하게 되는데요. 그 '무엇'은 우리가 각각의 예언들을 차례대로 살펴봄에 따라 밝혀질 것입니다. 사실 우리가 선택할 수 있는 예언(본문)의 폭이 상당히 넓습니다. 따라서 우리는 성탄절을 기다리는 것과 가장 밀접하게 연결되는 본문들을 중심으로 살펴볼 것입니다. 선택된 본문들 중 일부는 대림절 전례독서(lectionary)로부터 가져왔고, 또 일부는 '아홉 가지 성경 말씀과 캐럴 예배'—히브리성경을 통해 그리스도의 탄생을 기대하는 내용으로 시작하는—로부터 가져왔습니다(성공회에서 예수님의 탄생을 기념하여 드리는 전통적인 예배를 뜻하며, 9개 성경 구절을 읽으며 그리스도의 탄생의 기쁨을 음악으로 표현합니다 - 역주).

이해를 돕기 위한 역사 요약

다윗과 솔로몬의 영광스러운 통치가 끝난 후, 이스라엘 '나라'는 상당히 불안정해졌습니다. 솔로몬의 아들 르호보암은 백성들이 그동안 견뎌 왔던 고된 노역을 덜어 달라고 요구하자 오히려 가혹하고 모질게 응답했고, 그 결과 (주전 922년쯤) 북쪽 열 지파(이스라엘)가 남쪽 두 지파(유다)에서 갈라져 나오는 일이 벌어졌습니다. 그리고 멸망하기 전까지 그러한 분리가 계속해서 이어졌습니다. 하나님의 백성이 별개의 다른 두 왕국으로 분열된 것입니다. (이스라엘 또는 에브라임이라고 불리는) 북왕국은 지도력 있는 왕들이 왕조를 세우려고 분투하며 연이어 다스렸고, (흔히 유다라고 불리는) 남왕국은 다윗 왕조가 다스렸습니다(이러한 분열을 초래한 사건에 대해서는 열왕기상 12장의 내용을 참고하세요).

✝

처녀가 잉태하여 아들을 낳을 것이요 그의 이름을 임마누엘이라 하리라. 그가 악을 버리며 선을 택할 줄 알 때가 되면 엉긴 젖과 꿀을 먹을 것이라. 대저 이 아이가 악을 버리며 선을 택할 줄 알기 전에 네가 미워하는 두 왕의 땅이 황폐하게 되리라(사 7:14-16).

더 읽어 볼 본문: 이사야 7:1-16

이 본문은 예수님의 탄생과 관련하여 널리 쓰이는 상징적인 예언들 중 하나입니다. 저는 이 말씀을 듣기만 해도 전나무와 양초의 밀랍 냄새가 떠오르고, 또 '옛날 임금 다윗성에'를 부르는 콧노래가 들려서 다소 흥분되고 설렙니다. 이 예언은 성탄절의 중심을 차지하는데요. 실제로 마태복음의 경우 이 예언을 예수님의 탄생에 대한 예언으로 기록했습니다("처녀가 잉태하여 아들을 낳을 것이요 그의 이름은 임마누엘이라 하리라 하셨으니 이를 번역한즉 하나님이 우리와 함께 계시다 함이라"[마 1:23]). 그러나 이 예언을 조금 더 읽어 나가다 보면 성탄절 기분이 조금씩 사라지는 것을 느낄 수 있습니다. 도대체 두 왕의 땅이 황폐하게 되는 것이 성탄절과 무슨 관계가 있을까요? 당연히 전혀 관계가 없습니다. 그렇기에 우리는 이 예언이 (더 많이는 아니더라도) 적어도 두 가지 맥락 속에서 말하고 있다는 사실을 의식해야 합니다.

이사야의 예언은 유다 역사에 있었던 아주 구체적인 상황을 다루고 있어서, 예언의 연대를 꽤 확실하게 추정할 수 있습니다(이는 히브리성경 안에서 아주 드문 일입니다). 주전 735-733년경에 유다는 이웃 나라들로 인하여 위기에 빠졌습니다. 유다는 인근 지역에 있던 다른 나라들과 마찬가지로 오랫동안 강력한 앗수르(아시리아) 군대의 지배 아래 있었는데, 마침내 이스라엘(북왕국)과 아람(수리아)이 앗수르에 반기를 들기로 결단한 것입니다. 두 나라는 유다가 자기들과 동맹을 맺도록 압박하여 그 반역을 더 확실히 성사시키고자 했습니다. 그런데 유다가 이를 거절하자, 이스라엘과 아람은 억지로라도 자신들의 요구에 응하게 하기 위해 유다를 침공하기로 결정합니다. 그들은 유다와 싸워서 당시 유다 왕이었던 아하스를 끌어내리고 대신 다브엘의 아들을 왕으로 세우고자 했습니다(사 7:1-9).

이사야는 그의 아들 스알야숩과 함께 "윗못 수도 끝"(사 7:3)에서 아하스를 만납니다. 그리고 아하스가 꿋꿋하게 버티기만 하면 하나님께서 구원하실 것이라는 말씀을 전합니다. 여기서 이사야는 아하스에게 하나님을 신뢰할 수 있는 징조를 제시하는데요. 물론 그럼에도 아하스는 망설입니다. 어찌되었든 그 징조는 곧 한 젊은 여자가 임신하여 아들을 낳고 그 아들을 임마누엘이라 부를 것인데, 그 아이가 옳고 그름을 구별할 줄 알게 되기 전에 이스라엘 왕과 아람 왕, 두 왕의 땅이 황폐해질 것이라는 내용이었습니다.

따라서 본래 예언은 그저 타이밍에 관한 것이었습니다. 여자가 임신하여 아들을 낳아, 아이가 옳고 그름을 구별할 줄 알게 되기까지 걸리는 시간 안에, 아하스를 골치 아프게 하는 상황이 해결되리란 것이었습니다. 하지만 이 이야기에 중요한 결말이 따라 붙는데요. 결국 아하스는 하나님께서 명령하신 대로 행동하지 않는다는 것입니다. 아하스는 꿋꿋하게 버티지 못했고, 결국 앗수르에 도움을 요청하는 사신을 보내고 맙니다. 그리고 바로 이 행동으로 인하여 북왕국 이스라엘이 주전 722년에 완전히 멸망하게 됩니다.

그렇다면 이사야 7:14-16은 성탄절과 무슨 관계가 있을까요? 얼핏 보기에는 그다지 관계가 없어 보이는데요. 실제로도 이 본문을 가장 잘 해석할 수 있는 방법이 무엇인지, 또 이 본문이 성탄절에 어떻게 사용될 수 있는지에 관하여 의견이 분분합니다. 이와 관련된 논의 중 하나가 이사야 7:14에 나오는 젊은 여자/처녀에 관한 것인데요. 히브리어 알마(almah)는 단순히 '결혼이 가능한 나이대의 젊은 여자'를 뜻하지만, 이 히브리어를 그리스어로 번역한 사람들은 파르테노스(parthenos)라는 단어를 그에 대한 번역어로 선택했습니다. 이 파르테노스는 젊은 여자를 뜻할 뿐만 아니라 또한 동정녀(virgin, 처녀)를 뜻하기도 하는데요. 즉, 번역어로 인하여 본래 단어의 의미 범위가 좁혀진 셈입니다. 히브리어로는 단순히 나이를 기술하는 단어였지만, 그리스어로 옮겨져서는 결혼이 가능한 나이이면서 또한 아직 미혼인 여자라는 구체적인 묘사가 더해지게 된 것입니다. 이러한 배경에서, 동정녀 탄생 전승 전체가 히브리어에 대한 그리스어 오역을 기반으로 하고 있고, 더 나아가 그 전승 전체가 오역을 기반으로 날조한 이야기라는 주장이 계속해서 제기되었습니다.

하지만 제 생각에 이것은 마태복음이 지금 무엇을 말하고 있는지, 즉 마태복음의 요지를 전혀 파악하지 못한 주장입니다. 이 예언은 곧 하나님께서 하나님의 백성을 구원하실 때가 임박했다는 내용입니다. 그 메시지는 아주 분명합니다. 예언 속 아이가 태어나면 하나님의 구원이 세상을 침입해 오는 것은 시간문제일 뿐이니, 다가올 구원을 주시해야 한다는 것입니다. 마태복음은 이것을 미래에 대한 서약으로 사용한 것 같습니다. 그러한 일이 일어나는 것이 보이면, 구원이 머지않았음을 알 수 있다는 것이었습니다.

젊은 여자가 동정녀인지 아닌지 여부가 이런저런 논의들 가운데 중요하게 다루어져 왔지만, 사실 그것이 그렇게 중요하진 않습니다. 예언의 핵심은 처녀성보다는 구원과 관계가 있기 때문입니다. 그럼에도 마태복음이 예수님 안에서 이전에는 한 번도 성취되지 않은 방식으로 이 예언이 성취되었다고 보고 있는 것은 분명합니다. 다시 말해, 인용된 예언은 이전에는 드러나지 않았던 차원, 곧 동정녀를 통해 예수님께서 잉태되심으로 (예언이) 성취되었다는 차원을 담고 있는데, 이는 그 성취가 얼마나 충격이었는지를 보여주는 데 관심이 있습니다. 따라서 마태복음이 이사야의 예언을 그런 식으로 사용해도 되는지를 놓고서는 치열하게 논쟁하면서, 정작 마태복음에서 큰 소리로 울려 퍼지고 있는 구원의 선포는 그냥 지나쳐 버린다면 그것만큼 안타까운 일이 없을 것입니다.

(이사야서에 기록된) 이 첫 번째 예언은 대림절의 두 번째 촛불과 관련된 기다림을 생각하게 만드는데요. 그 기다림은 곧 예언을 기다리는 것입니다. 예언을 기다린다는 것은 곧 우리 가운데서 하나님의 구원에 대한 징조를 찾는다는 의미입니다. 즉, 과거에 하나님께서 영광 가운데 구원해 주신 일을 되돌아보고, 미래에 그 구원이 다시 찾아올 때를 기대하며, 현재에 그 구원의 징조를 찾는 것입니다. 본래 이사야가 받은 징조가 아하스로 하여금 하나님의 구원을 의식하게 만들기 위함이었던 것과 마찬가지로, 마태복음이 그 예언을 가져다 쓴 목적은 곧 마태복음을 읽는 이들에게 과거와 현재와 미래에 '우리와 함께하시는 하나님', 임마누엘을 찾아야 한다는 것을 일깨워 주기 위함이었습니다. 대림절은 하나님의 임재를 오늘도 계속해서 찾으라고, 하나님의 구원 징조를 언제나 의식하고 있으라고 우리를 일깨워 줍니다.

†

한 아기가 우리를 위해 태어났다. 우리가 한 아들을 모셨다. 그는 우리의 통치자가 될 것이다. 그의 이름은 놀라우신 조언자, 전능하신 하나님, 영존하시는 아버지, 평화의 왕이라고 불릴 것이다. 그의 왕권은 점점 더 커지고 나라의 평화도 끝없이 이

어질 것이다. 그가 다윗의 보좌와 왕국 위에 앉아서, 이제부터

영원히, 공평과 정의로 그 나라를 굳게 세울 것이다(사 9:6-7, 새

번역).

더 읽어 볼 본문: 이사야 9:1-7

헨델(Handel)은 이사야서에 나오는 이 본문을 유명한 오라토
리오, 「메시아」로 작곡했습니다. 그 곡을 잘 알고 있다면 이 본
문만 보고서도 "우리에게 한 아이가 태어났고, 우리에게 한 아
들을 주셨으니…"라고 흥얼거리게 될 것입니다. 헨델은 이 예
언을 사용하여 이사야 7:14에 있는 예언과는 다른 메시아 예
언을 소개합니다. 마태복음의 경우 이사야 7:14과 예수님을 연
결하는데요. 반면 헨델을 비롯한 기독교 전통에서는 이사야
9:6-7—예수님은 물론이고 앞으로 예수님께서 하실 일까지
모두 완벽하게 묘사한 것처럼 보이는 본문—을 예수님과 연
결합니다.

하지만 이사야 9:1-7과 관련해서 눈여겨보아야 할 중요한
특징이 하나 있습니다. 바로 이 본문의 위치가 이사야서 안에
서 전혀 적합하지 않은 위치에 있다는 것입니다. 9:1-7의 앞뒤
문맥을 읽어보면 이사야의 메시지가 암흑과 재앙으로 휩싸여
있음을 알 수 있습니다. 이를테면, 이사야 8장은 유다에 있는

하나님 백성이 대적들에게 어떻게 전멸될지를, 또 많은 사람들이 넘어져 어떻게 망하게 될지를 이야기하고 있습니다. 그리고 이사야 9장에서, 8절 이하는 이스라엘(유다의 이웃인 북왕국)에게 이미 내려진 재앙을 상기시키고 있습니다. 이런 무시무시한 예언들 사이에 9:1-7이, 마치 캄캄한 땅에 비치는 한 줄기 빛처럼 자리 잡고 있는 것입니다.

당연히 학자들은 '이사야 9:1-7이 왜 하필 그 자리에 있느냐?'라는 문제를 해결하기 위해 노력했습니다. 후대에 이사야 말고 다른 어떤 이가 끼워 넣은 걸까요? 아니면 유다에 있는 (임박한 재앙을 모면할) 작은 집단을 가리키는 걸까요? 이 문제에 대해서는 아직 의견이 일치되지 않았으니, 여기에서 우리가 굳이 어떤 판단을 내릴 필요는 없습니다. 다만 9:1-7이 지금 이사야서에 존재하는 빛과 어둠을 강조하는 역할을 한다는 것에 주의를 기울여야 합니다. 성탄절 시기에 우리가 주로 인용하는 이사야서의 예언들은 주로 듣기 좋은 예언들인데요. 이를테면, 주로 빛에 대해서, 소망에 대해서, 그리고 하나님의 구원에 대해서 이야기하는 예언들입니다. 그렇다보니 정작 이사야 같은 선지자들이 소망보다는 캄캄한 절망을, 구원보다는 재앙을 더 많이 예언했다는 사실을 잊어버리기 쉽습니다. 그러한 예언을 듣는 당사자들은 '여호와의 날'이 어떤 모습일지에 대한 해석을 놓고 상당히 고심했다는 점도 간과하기 쉽고요.

당시에는 하나님께서 세상에 개입하시는 '여호와의 날'에 대한 소망이 널리 퍼져 있었는데요. 사람들은 그날에 하나님께서 이스라엘과 유다의 대적을 몰아내시고 모두가 다시 평화를 누리게 될 것이라고 기대했습니다. 하지만 아모스를 비롯한 많은 선지자들은 여호와의 날이 사람들이 기대하는 모습과 정반대일 것이라는 메시지를 전했습니다. 그날은 보상과 기쁨과 소망의 날이 아니라, 고통과 형벌과 유혈의 날이 될 것이라는 메시지였습니다. 하지만 이사야서에는, 평화가 설핏 보이는 재앙, 한 줄기 빛이 비치는 어둠, 소망이 희미하게 깜박이는 절망과 같이, 그 두 가지가 뒤섞여 있습니다. 마치 그 두 가지가 떼려야 뗄 수 없는 관계처럼 보입니다. 이사야 9:1-7은 소망이 가득한 예언의 전형을 보여 주지만, 이사야서에 있는 빛과 어두움에 대해 제대로 감을 잡으려면 다소 침울한 예언들도 꼭 함께 읽어야 합니다.

그렇다면 이사야의 메시지는 무엇일까요? 재앙일까요, 평화일까요? 절망일까요, 소망일까요? 이사야가 임박한 재앙에 소망이 섞여 있다고 봤는지 여부는 판단하기가 쉽지 않습니다. 이사야 9:2("어둠 속에서 헤매던 백성이 큰 빛을 보았고… 사람들에게 빛이 비쳤다")의 표현을 보면, 빛이 어둠 속에 비치고 있다고 넌지시 말하기는 합니다. 이로부터 영향을 받아서, 절망적인 현재 상황 너머에 미래의 소망이 마치 새벽에 동트듯이 보이기 시작한다고 해석하는 전통도 분명 존재했습니다. 그리고 이 전통의 비중이 점점 더 커져서 예수님 시대에 이르러서는, 많은 사람들이 절망의 현시대가 완전히 사라지고 평화와 번영의 새 시대가 오기를 기대하며 기다린 것으로 보입니다. 예수님의 제자들이 예수님에 관해 이해하기 어려웠던 부분도 바로 이러한 맥락에 있습니다. 그래서 제자들은 예수님께서 옛것을 몰아내려고 오신 것이 아니라, 옛것은 그대로 두면서 세상을 비추는 빛으로 오셨다는 것을 받아들이기 힘들어했습니다.

이 세상은 빛의 세상인 **동시에** 어둠의 세상이기에, 당연히 빛만 있거나 혹은 어둠만 있지 않습니다. 이사야는 유다가 곧 (대체로 유다가 자초한) 재앙을 만나겠지만 그 재앙 속에, 또 그 너머에 소망의 징조가 깔려 있다는 것을 인식한 뒤에 재앙을 직면해야 함을 알았습니다. 예수님 또한 우리가 현재 살고 있는 세상의 어두운 (우리가 자주 자초하는) 현실을 직면하되, 그 세상의 바탕에는 빛이신 예수님이 계심을 깨달으라고 말씀하십니다. 이사야가 예언한 것과 같이, 예수님은 평화를 가져오시고, 정의로 세우시며, 공의로 보존하십니다. 그러나 과거에나 현재에나 평화는 갈등과 분쟁, 그 한복판에 있습니다.

예수님은 자주 그러셨듯이, 옛 예언을 놀라운 방법으로 성취하시는데요. 지금 우리가 사는 그늘진 세상에 빛을 불어 넣으심으로 예언을 성취하십니다. 곧 예수님은 지혜로운 권고로 놀라움을 불러일으키시며(놀라우신 조언자), 하나님의 능력을 세상에 보이시고(전능하신 하나님), 영원히 부모처럼 돌보시며(영존하시는 아버지), 하나님 백성의 모든 행복의 원천이 되십니다(평화의 왕). 그렇게 예수님은 우리가 사는 깨지고 소망 없는 세상 한가운데 오셔서, 놀라운 조언자로, 전능하신 하나님으로, 영존하시는 아버지로, 평화의 왕으로 사셨고, 어둠에 빛을 비추어 희망을 가져다 주셨습니다.

우리는 어둠을 비추는 그 빛을 기다립니다. 따라서 대림절 기간에 우리는 어둠에 눈을 충분히 적응시켜서, 세상의 빛이신 그분을 볼 수 있어야 합니다. 그 빛은 우리에게 장차 모든 것이 성취될 최후의 때를 가리키며 빛나고 있습니다. 존 던(John Donne)의 기도 「오, 주여, 마지막으로 깰 때 저희를 데려가 주소서」(Bring us O Lord at Our Last Awakening)에 있는 표현으로 말하자면, (그때에는) "어둠도 눈부심도 없을 것이고, 오직 고른 빛만 있을 것입니다."

✝

이리가 어린 양과 함께 살며 표범이 어린 염소와 함께 누우며 송아지와 어린 사자와 살진 짐승이 함께 있어 어린 아이에게 끌리며 암소와 곰이 함께 먹으며 그것들의 새끼가 함께 엎드리며 사자가 소처럼 풀을 먹을 것이며 젖 먹는 아이가 독사의 구멍에서 장난하며 젖 뗀 어린 아이가 독사의 굴에 손을 넣을 것이라. 내 거룩한 산 모든 곳에서 해 됨도 없고 상함도 없을 것이니 이는 물이 바다를 덮음 같이 여호와를 아는 지식이 세상에 충만할 것임이니라(사 11:6-9).

더 읽어 볼 본문: 이사야 11:1-9

리차드 아텐보로(Richard Attenborough, 영국의 배우이자 유명한 감독 - 역주)라면 이 예언을 소재로 어떤 장면을 만들었을까요? 이 예언을 읽다 보면 야생 동물이 더는 위험한 존재가 아니기에, 울타리 따위가 전혀 필요 없는 환상적인 동물원이 떠오릅니다. 그곳에서는 사나운 육식 동물들—이리, 표범, 사자, 곰—이, 자기들의 **먹잇감들**—어린양, 어린 염소, 송아지, 살진 짐승(제물로 바치기에 적합한 동물을 가리키는 단어), 아이, 암소, 황소—을 잡아먹기는커녕 **함께** 즐겁게 뛰놀고 또 **함께** 먹고 잘 것입니다. 여러분이 동물원에 갔다가 사자가 고기를 게걸스레 먹어 치우는 광경을 본 일이나, 자연의 세계에 관한 텔레비전 프로그램에서 가젤이 평원을 가로질러 뛰어오르다가 죽을 수밖에 없었던 일은 새까맣게 잊어버리게 될 것입니다. 이 예언은 마치 에덴동산으로 되돌아간 듯한 모습을 그리는데요(에덴동산에서는 동물들이 서로를 잡아먹지 않았다고들 짐작합니다). 그때가 되면 세상에 평화가 얼마나 가득한지, 자연 세계마저 잔혹했던 옛 시절을 멀리하게 될 것입니다. 이러한 비전은 틀림없이 아주 먼 미래에 대한 비전이자, 그보다 앞서 올 재앙보다 훨씬 후에 있을 시기에 대한 비전입니다. 그래서 이 비전은 대림절이 제시하는 또 다른 중요한 주제를 알려주는데요. 바로 흔히 우리가 '세상의 종말'이라고 부르는 주제입니다.

이 주제가 대림절의 기다림과 관련하여 무슨 의미가 있는지를 살펴보기 전에 몇 가지 더 언급하려고 합니다. 그때에 있을 일(event)을 '세상의 종말'이라고 부를 때 생기는 문제점 중 하나는, 그것이 완전한 마지막을 암시한다는 것입니다. 즉, 종말 이후에는 모든 것이 사라지고 ⋯ 더는 세상이 존재하지 않는다는 말처럼 들립니다. 미국에서는 '휴거가 일어나면 ⋯ 이 차에는 운전자가 없을 것입니다'라고 적힌 범퍼 스티커를 볼 수 있다고 들었습니다. 휴거가 일어나면 신자들은 어떤 식으로든지 천국 어딘가에서 살아가지 않겠느냐고 짐작하는 것입니다. 성경에는 장차 하나님께서 세상에 개입하실 때 일어날 결정적인 일에 대한 비전이 많이 담겨 있는데요. 하지만 앞서 말한 짐작은 전혀 성경의 비전과 맞지 않습니다. 요한계시록은 '종말'을 묘사하는 책이지만 분명 '처음'에 대해서도 묘사하고 있습니다. (요한계시록 안에서) 새 하늘 그리고 새 땅은 점령을 꾀하며 내려옵니다. 암소 곁에서 곰이 풀을 뜯고, 어린양과 함께 이리가 뛰놀 곳이 있으리란 것은 의심의 여지가 없습니다. 얼핏 있을 법하지 않은 일처럼 보이기는 해도 말이죠. 이사야의 예언이 '종말' 너머에 아득히 먼 곳을 이야기하는 것이라면, 혹 우리의 세상과는 다를지라도, 그곳에도 분명 우리가 살아갈 세상이 있을 것입니다.

예수님이 승천하셨을 때, 남은 제자들은 위를 쳐다보며 입을 벌린 채 예수님이 어디로 가셨는지 궁금해했습니다. 세상의 종말에 대한 이미지 때문에, 그리스도인들은 이 제자들과 비슷하게 허탈한 표정으로 우두커니 서서 종말이 오기를 기다리게 되었습니다. 하지만 이사야서에 있는 내용들은 그리스도인들에게 그러한 자세를 요구하지 않습니다. 또 현재 세상의 상태에 대해서 낙담하게 하려는 것도 아닌 것 같고요. 물론 저쪽에는 사자가 아이와 송아지를 데리고 기차 놀이를 할 것이라는 약속이 있는데, 이쪽에는 여전히 사자가 (사자라면) 당연히

할 일—아이와 송아지를 먹잇감 삼아 죽이는 일—을 하고 있으니 그러한 생각이 드는 것도 이해는 됩니다. 하지만 종말의 비전은, 저 멀리 지평선만 뚫어지게 바라보며 우두커니 서서 기다리게 하려고 있는 것이 아니고, 또 현재 세상의 상태에 절망을 느끼게 하려고 있는 것도 아닙니다. 종말의 비전은 우리로 하여금 새로운 현실이 다가오는 징조를 알아보게 하려고, 더 나아가 그러한 현실이 지금 우리 가운데 실현되도록 하는 법을 배우게 하려고 있는 것입니다. 종말의 비전은 모든 것이 성취될 마지막 때에 하나님께서 바라시는 세상의 모습을 더 뚜렷하게 볼 수 있게 해줍니다. 또한 그때의 순간순간을 지금 세상에서도 볼 수 있다는 것을 상기시켜 줍니다.

이사야의 예언이 우리에게 지금 당장 달려가서 야생동물 훈련학교—표범이 염소를 한 입 거리 먹이로 삼지 않고, 염소와 함께 웅크리고 자도록 훈련시키는 학교—를 열라고 말하는 것은 아닙니다. 이사야의 예언은 우리가 사는 세상에서 그와 비슷한 일이 일어나는 때를 유심히 지켜보며 함께 기뻐하고 기념하라고 말합니다. (그때가 언제입니까?) 남아프리카공화국에서 마침내 백인들이 흑인들을 형제자매로 인정하기 시작했을 때, 북아일랜드에서 신 페인당(Sinn Fein黨, 북아일랜드가 영국으로부터 독립하여 아일랜드공화국과 통합되기를 원하는 정당 - 역주)과 민주연합당(Democratic Unionist Party, 북아일랜드의 친영국파 정당 - 역주)이 연립 내 각을 꾸리기로 합의했을 때, 또한 아이를 잃은 엄마가 자기 아이를 죽인 사람들에게 복수하지 않고 용서할 수 있을 때, 살아가면서 어떤 사람으로부터 큰 상처를 받고도 그 사람에게 똑같이 분노를 터뜨리지 않고 용서할 수 있을 때, 그때가 곧 이사야의 예언과 비슷한 일이 일어나는 때입니다.

이사야 11장과 같은 영광스러운 미래에 대한 비전 덕분에 우리는 기다리면서 또한 행동하게 됩니다. 정말로 우리가 마지막 때를 기다린다면, 그러한 마지막 때의 순간이 더욱더 많이 일어나도록 힘써야 합니다. 대림절은 우리에게 그와 같은 순간이 우리 인생에서, 우리 공동체에서, 우리 세상에서 언제 있었는지를 되돌아보게 합니다. 또한 대림절은 (하나님께서 뜻하시는 곳이라면 어느 곳에서든지) 세상을 뒤흔드는 평화를 만들겠다는 결단을 새롭게 요구합니다.

†

그러나 너 베들레헴 에브라다야 너는 유다의 여러 족속 가운데서 작은 족속이지만 이스라엘을 다스릴 자가 네게서 내게로 나올 것이다. 그의 기원은 아득한 옛날 태초에까지 거슬러 올라간다(미 5:2, 새번역).

더 읽어 볼 본문: 미가 5:2-5(상).

여러분은 어떨지 모르겠지만 저는 이 본문을 소리 내어 읽는 것을 꺼려합니다. 사실 이 본문은 히브리어와 그리스어 이름이 복잡하게 얽혀 있어서 많은 사람들이 낭독을 주저합니다. 그중에서도 에브라다(Ephrathah)는 특히 힘든 부분인데요. 발음을 어떻게 하는지 몰라서가 아니라 당당하게 … 그러나 아무렇게 내뱉듯이 들리지는 않게 발음하기가 어렵기 때문입니다. 조금 위안이 될지는 모르겠지만, 에브라다가 이 본문의 핵심 단어는 아닙니다. 창세기 48:7을 보면 에브랏(에브라다)은 라헬을 장사지낸 곳으로 확인되며, 베들레헴의 또 다른 이름에 불과한 것처럼 보입니다. 그러니 아마도 '베들레헴 에브라다'(Bethlehem of Ephrathah)가 아니라, '베들레헴'과 '에브라다'가 실은 동일한 장소를 가리키는 두 이름일 것입니다. 룻기 4:11에도 이와 유사한 방식의 기록이 있는데요("그대가 에브라다에서 자손을 많이 낳고, 베들레헴에서 이름을 얻기를"[NRSV]). 룻기에 나오는 소원이 미가의 예언과 무관하지 않은 까닭은, 룻과 보아스의 아들이 오벳이고, 오벳은 곧 다윗왕의 할아버지이기 때문입니다.

미가의 예언은 앞서 살펴본 이사야의 예언과 상황이 아주 흡사합니다. 미가는 남왕국 유다를 향해 예언했는데, 대략 그 시기가 요담(주전 742-735), 아하스(주전 735-715), 히스기야(주전 715-

687)가 다스리던 때였습니다. 물론 미가가 요담의 통치 초기에 사역을 시작해서 히스기야의 통치 말기에 사역을 끝냈을 것 같진 않습니다. 이사야와 마찬가지로 미가 역시 아하스가 다스리던 때에 주로 예언을 한 것 같습니다. 그러니 아마도 이사야와 미가는 같은 시대에 예언 사역을 하고 있었을 것입니다. 미가의 예언을 보면, 예루살렘에 사는 부자들을 겨냥한 내용이 가장 많은 부분을 차지하고 있는데요. 당시 예루살렘의 부자들은 가난한 사람들을 억압하여 재산을 모으고 있었습니다.

우리는 미가의 예언을 보며 희망이 가득한 성탄절 메시지를 떠올리곤 하지만, 사실 미가의 예언은 이러한 상황 속에서 호되게 왕을 정죄하는 내용입니다. 미가 5:1이 일반적으로 성탄절 낭독에 포함되지 않은 데에는 다 그만한 이유가 있었던 것이죠. 일단 5:1의 의미 자체가 분명하지 않은 이유도 있습니다. NRSV와 TNIV(Today's New International Version)의 차이를 보면, 이 구절을 번역하기가 얼마나 힘든지를 알 수 있는데요.

✳ NRSV: "이제 네가 담으로 에워싸였다."
✳ TNIV: "지금 네 군대를 소집하라."

잠시 히브리어를 들여다보면 무엇이 문제인지를 분명하게

알 수 있습니다. NRSV에서는 "에워싸이다"로 옮겨졌으나 TNIV에서는 "소집하라"로 옮겨진 히브리어 단어가 이 구절에서 취한 형태를 보면, 그 의미가 종교적으로 광분한 상태에서 자해한다는 뜻일 수도 있고, 또는 떼를 지어 둘러싼다는 뜻일 수도 있습니다. 때문에 어떤 주석가는 예루살렘 사람들이 적들로부터 구원받기를 바라며, 종교적으로 광분한 상태에서 자기자신에게 칼을 휘두르고 있었다는 의미로 해석하기도 합니다.

미가 5:1의 정확한 해석이 무엇이든지 간에, 5:2은 현상황을 해결할 방법은 오직 새 출발뿐이라고 못박습니다. 다윗의 시대 그리고 다윗 왕조 이래로 왕들은 보통 왕궁이 있는 예루살렘에서 태어났습니다. 하지만 미가의 예언에서 드러나는 미래의 유일한 소망은 곧 처음으로 되돌아가서 다시 시작하는 데 있습니다. 물론 여기서 굳이 베들레헴을 언급한 이유는 그곳이 다윗의 출생지이기 때문입니다. 따라서 미가의 예언은 미래의 소망을 여전히 다윗과 **같은** 왕에게 두고 있습니다. 하지만 그 소망을 당시 예루살렘에 있던 다윗 계통의 왕에게 두지는 않았던 것입니다.

도대체 무슨 일이 있었던 걸까요? 당시에 왕들을 비롯한 지배 계급은 자신들을 배부르게 하는 일에만 빠져 있어서 백성들에게 전혀 관심이 없었습니다. 이에 대한 유일한 해결책은 다윗 왕이라는 겸손한 뿌리로 되돌아가는 것뿐이었죠. 미가가 베들레헴을 묘사하면서 사용한 단어를 직역하면 '중요하지 않은', '가장 어린'이라는 뜻인데요. 아마도 의도적으로 다윗을 가리키고 있는 것 같습니다. 다윗은 형제들 중에서 가장 작고 어렸으니까요. 이를 통해 미가는 진정한 왕권은 다윗의 겸손하고 작은 뿌리에 있지, 거만하고 권력에 굶주린 왕궁에 있지 않다고 말하고 있습니다.

예수님의 시대에 헤롯 대왕이 이 예언을 떠올리기만 해도 놀라고 당황한 것은 어찌보면 당연합니다(마 2:3-5). 헤롯은 왕권을 주장할 자격이 거의 없었던 데다가, 그 자리마저도 권력을 영악하게 이용한 덕분에 즉, 로마인들과의 연줄을 교묘하게 조작한 덕분에 얻었으니까요. 헤롯은 다른 사람들에게 권력을 뺏기지 않을까 하는 피해망상에 사로잡혀 있었기 때문에, 남들이 득세하는 것이 두려워 자기 가족을 비롯한 많은 사람들을 죽였습니다. 그러니 헤롯의 입장에서는, 자신과 완전히 정반대의 자리에 진정한 왕권이 있다는 점을 상기시키는 이가 달갑지 않았을 것입니다.

이러한 사실을 알고 나면 미가의 예언은 예수님께 더더욱 잘 들어맞는다는 것을 알 수 있습니다. 예수님은 이스라엘의 가장 작은 족속 출신이라는 점에서 다윗의 길을 따라가셨기 때문입니다. 또한 예수님은 그 생애와 행동을 통하여, 진정한 왕권은 겸손에 있다는 것과, 재력과 권력의 축적은 결코 무너져가는 왕권을 떠받쳐주지 못한다는 것을 친히 보여주셨습니다. 미가 시대의 왕들 그리고 헤롯은 의로운 행동과 한결같은 사랑으로, 그리고 하나님과 겸손히 동행함으로 왕권의 진정성을 증명했어야 합니다(미 6:8).

애초에 베들레헴을 묘사하며 '작은'이라는 단어를 사용한 의도를—또 그 단어를 예수님에게 적절히 사용한 것을—감안하면, 마태복음이 미가서를 인용하면서(마 2:6) '작은'이라는 개념을 뒤집어 베들레헴이 유다의 통치자들(대부분의 한글 성경들은 이 '통치자들'을 '고을/땅'으로 번역했지만, 대부분의 영어 성경들은 그리스어 단어를 직역하여 '통치자[ruler]/군주[prince]'로 번역했습니다 - 역주) 가운데서 '가장 작지 아니하다'고 말한 것은 좀 어색한데요. 아마도 이에 대한 가장 좋은 설명은 곧 베들레헴의 낮은 지위를 저자가 의식했다고 보는 것입니다. 즉, 베들레헴이 비록 작을지는 몰라도, 그럼에도 위대한 두 왕(처음 왕은 다윗, 이제는 왕이신 예수님)의 출생지라는 것을 마태복음이 다시 한번 상기시키려고 그러한 표현을 썼다고 보는 것입니다. 먼저 된 자(예루살렘)가 나중 되고, 나중 된 자(베들레헴)가 먼저 되는 것은, 참으로 복음서다운 묘사 방식이라고 할 수 있습니다.

미가의 예언은 하나님의 계획에서 베들레헴이 차지하는 특별한 위치를 낭만적인 방식으로 보여주는 예언이라기보다는, 오히려 세상을 향한 하나님의 계획과 그 계획에 담긴 동요를 일으키는 진리를 과감하게 선포하는 예언이라고 할 수 있습니다. 그리고 그 계획에는 정의와 한결같은 사랑, 그리고 하나님과의 동행이 포함되어 있습니다. 미가서와 마태복음은 당시 통치자들을 불안하게 만드는 메시지—하나님의 능력은 재물이 아니라 정의에, 권력 행사가 아니라 한결같은 사랑에 있다는 메시지—를 널리 퍼뜨렸습니다. 물론 그 메시지는 결코 인기가 없었습니다. 늘 그랬듯이 오늘날에도 여전히 인기가 없고요.

†

저는 자를 구원하며 쫓겨난 자를 모으며 온 세상에서 수욕 받는 자에게 칭찬과 명성을 얻게 하리라(습 3:19).

더 읽어 볼 본문: 스바냐 3:14-20

제가 직접 몬티 파이튼(Monty Python, 1970년대에 주로 활동한 영국의 희극 단체, 코미디계의 비틀즈라 불릴 정도로 영향력이 있었습니다 - 역주)의 「요크셔 남자 네 명」(Four Yorkshire men)이라는 코미디(sketch, 촌극)를 본 적은 없지만, 그 코미디가 얼마나 인기가 있었던지, 제 어릴 적 친구들은 그 코미디를 자주 흉내내곤 했습니다. 그 코미디의 핵심은 요크셔 남자 네 명이 누가 최악의 어린시절을 보냈는지를 놓고서 경쟁하는 것이었습니다(예를 들어, "우리는 정화조 속, 종이 봉지 같은 곳에서 석 달을 살았지…", "그 정도면 잘 살았네. 우리는 말이야…"). 누가 가장 가난하고 불우했으며, 누가 가장 최악의 어린시절을 보냈는지를 놓고서 경쟁하는 모습을 보면 전형적인 영국인(의 모습)이 떠오르는데, 그것을 코미디의 소재로 활용한 셈입니다. 생활 수준이 훨씬 더 높아진 오늘날에도, 실제로 '부유'하다고 느끼는 사람은 거의 없으니까요. 정확히 어디서 나온 이야기인지는 모르겠지만, 사람들에게 어느 정도 돈이면 충분하겠냐고 설문 조사를 해보면 대개 '조금 더 많이'라고 응답한다고 합니다.

이러한 태도는 스바냐 3:19이나 이사야 61:1("그가 나를 보내사 억눌린 자[가난한 자]에게 좋은 소식을 전하게 하려 하심이라, 또 마음이 상한 자를 고치며 포로된 자에게 자유를, 갇힌 자에게 놓임을 선포하며") 같은 구절들에 대해서도 삐딱하게 반응하게 만듭니다. 이사야 61:1 역시 대림절에 자주 활용되는 구절인데요. 누가복음 4:18을 보면 예수님께서 회당에서 바로 이 부분을 읽으십니다. 이를 통해 하나님의 구체적인 약속 즉, 가난한 자들과 몸이 불편하여 저는 자들에게 피난처와 자유와 치유가 선포됩니다. 이러한 내용을 들으면 우리는 곧바로 우리 자신을 떠올려, 우리가 가난하고 우리가 압제 당하고 있다는 식으로만 해석하기가 쉬운데요.

물론 이 예언들의 본래 문맥을 보면 상당히 일반적인 맥락을 담고 있기는 합니다. 주전 7세기(앞서 살펴본 주전 8세기 이사야의 예언들보다 한 세기 뒤), 요시야의 시대를 언급하는 스바냐서의 경우 유다 땅에 재앙이 덮칠 때를 예언하고 있는데요. 스바냐의 예언은 대체로 암울한 예언이어서 좀처럼 소망의 분위기를 느끼기 어려운데도, 3:19에서는 모든 것이 회복될 미래를 약속하고 있습니다. 이 문맥 속에서 저는 자를 구원하고 쫓겨난 자를 모으는 일이 가리켰던 대상은 아마도 일반적이고 보편적이었을 것입니다. 재앙을 겪은 후에는 많은 사람들이 다치거나 쫓겨났을 테니까요. 즉, 스바냐는 위로가 필요했던 사회 전체를 향해 소망의 메시지를 전한 것입니다.

그러나 예수님께서는 이 예언의 초점을 옮겨서 사용하신 것으로 보입니다. 예수님의 사역이 우리에게 주는 가장 큰 도전 중 하나는 그와 같은 예언이 실은 우리에 관한 예언이 아니라는 것을, 적어도 전적으로 우리에 관한 예언은 아니라는 것을 인정하라는 데 있습니다. 누가복음 4장에 묘사된 회당 장면에서도 분명하게 드러나듯이, 예수님은 그 시대에 저는 자들과 압제 받는 자들을 돌보심을 통해 그 예언을 온전히 성취하는 것을 자신의 소명으로 이해하셨습니다. 예수님의 시대에 살았던 사람들의 경우 본인들이 저는 자들과 압제받는 자들에 속한다고 느낄 만했습니다. 로마제국의 통치로 인하여 분개하는 사람들이 많았고, 또 조세 제도 때문에 경제적으로 궁핍한 사람들도 많았기 때문입니다. 하지만 예수님은 이 예언을 하나님 백성 전체가 아닌, 당시 사회의 변두리, 그것도 가장 끝에까지 밀려난 사람들에게 적용하여 해석하신 것으로 보입니다.

눈 먼 사람들, 저는 사람들, 귀신들린 사람들, 혈루증을 앓는 사람들 등등은 그래도 별 탈 없이 이 예언의 대상으로 받아들여집니다. 이들은 성전의 정결 규례 때문에 주요 성전 구역에 들어갈 수 없었고, 또 유대인으로서 삶의 핵심을 차지하는 희생 제사에도 참여할 수 없었기 때문입니다. 하지만 예언의 대상에 세리들과 창녀들도 포함되었다는 사실은 다소 놀랍습니다. 이들에게는 공통적으로 중요한 특징이 있는데요. 바로 당시 세리들과 창녀들은 저 혐오스러운 로마 주둔군과 어떤 식으로든지 관계를 맺고 있었다는 것입니다. 세리들은 황제를 위하여 로마의 세금을 징수했고, 창녀들은 주로 로마군에게서 수입을 올렸습니다. 이들이 두루 미움을 받은 까닭은 로마인들과 그러한 관계를 맺는 자리를 자발적으로 선택했다고 여겨졌기 때문입니다. 즉, 본인들 스스로가 영구적으로 사회의 변두리 자리를 택했다는 것이었습니다.

예수님께서는 이 구원의 메시지를 사회에서 (환경 때문이든, 선택 때문이든) 소외된 이들의 입장에서 해석하는 것을 선택하셨습니다. 다소 놀라운 사실은, 예수님께서는 쫓겨난 갈릴리 농부 같은 사람들은 선택하지 않으셨다는 것입니다. 이들은 돈이 없어서 어쩔 수 없이 자기 땅에서 멀리 떨어진 산지에서 살아야 했지만, 그럼에도 남겨 두고 온 사람들에게서 어느 정도 칭찬을 받고 있었기 때문입니다. 반면에 예수님께서 모으고자 하신 사람들 중에는 그들이 살아가는 사회로부터 멸시당하고 비난받으며 소외된 사람들이 상당수 포함되어 있었습니다. 바로 이러한 이유 때문에 많은 사람들이 예수님을 이해하기 힘들어했습니다. 예수님은 왜 그런 식으로 예언을 해석하셨을까요? 분명 (예수님이 보살필 수도 있었던) '쫓겨난 자들' 중에는 더 무난한 사람들도 많이 있었을 텐데요?

예수님께서 주시는 과제는 그때만큼이나 지금도 여전히 어렵습니다. 물론 저는 자들을 구원하시고 쫓겨난 자들을 모으시는 하나님께서 동일한 일을, 우리에게도 하시리라고 받아들이는 것은 옳습니다. 우리가 절뚝거리고 쫓겨날 때마다 예수 그리스도 안에서 구원받고 또 구원받을 것입니다. 하지만 이것이 곧 '저는 것'과 '쫓겨남'을 우리만이 독점한다는 뜻은 아닙니다. 여전히 예수님께서는 사회의 변두리에, 그 가장 끝자리에 아슬아슬하게 매달린 자들을 찾고 계십니다. 때로는 우리가 멸시하고 비난하는 사람들 말이죠. 우리에게 주어진 가장 어려운 과제가 바로 이것입니다. 즉, 우리도 예수님께서 하신 바로 그 일을 해야 한다는 것입니다.

✝

너희는 위로하라 내 백성을 위로하라. 너희는 예루살렘의 마음에 닿도록 말하며 그것에게 외치라. 그 노역의 때가 끝났고 그 죄악이 사함을 받았느니라. 그의 모든 죄로 말미암아 여호와의 손에서 벌을 배나 받았느니라 할지니라(사 40:1-2).

더 읽어 볼 본문: 이사야 40:1-11

저는 어릴 때 교회에서 "위로하라, 내 백성을 위로하라"로 시작하는 찬송가를 자주 불렀습니다. 그것은 이사야 40장에서 나온 찬송가였습니다. 흔히 아이들이 그러듯이, 저 또한 찬송가의 가사를 잘 이해하지 못해서 그저 "차 마시러 오라, 내 백성아 차 마시러 오라"는 뜻인 줄로만 생각했습니다(옛글투 영어의 명령문인 "comfort ye"[위로하라]를, 발음이 비슷한 "come for tea"[차 마시러 오라]로 이해했다는 뜻입니다 - 역주). 그래서 그런지 제 머릿속에서의 하나님의 이미지는, 안락의자에 앉으셔서 큼직한 찻주전자를 들고 누구에게나 차 한 잔 마시러 오라고 권하시는 분이었습니다. 그러다 이사야가 본래 말한 것이 그게 아니란 사실을 마침내 알게 되었을 때 상당한 실망감을 느낀 기억이 있습니다.

이 본문에 나타난 이사야의 소망의 메시지는 큰 소리로 울려 퍼지는 위로의 메시지입니다. 앞서 우리가 살펴본 세 본문(이사야 7장, 9장, 11장) 이후에 나오는 본문이지만, 그 어조는 완전히 뒤바뀝니다. 이사야서 전체를 보면, 바로 이곳 40장에서부터 재앙보다는 위로, 절망보다는 소망의 메시지가 나타납니다. 마치 이사야 1-39장에서 볼 수 있었던 예언들과는 완전히 다른 상황에서 기록된 것처럼 보이기도 하는데요. 대부분의 학자들 역시 이 부분의 배경이 주전 8세기가 아니라 주전 6세기라고 주장합니다. (유다)백성들은 결국 정복을 당하고(마지막에는 앗수르가 아니라 바벨론에 멸망하기는 했습니다), 바벨론으로 끌려갔습니다. 이 메시지는 그 포로 기간 중에서도 마지막 시기에 나온 것으로 보입니다. 즉, 이제 막 고국으로 되돌아가려는 시기에 나온 메시지인 것 같습니다. 하나님께서는 포로 생활 중에 있는 백성들을 위로하시고, 그들의 귀환뿐만 아니라 또한 하나님의 돌아오심에 대해서도 준비시키십니다("여호와의 길을 예비하라"[사 40:3]).

이 메시지는 에스겔의 메시지와 정반대입니다. 에스겔은 포로 생활이 시작될 때, (누군가에겐 다소 이상하게 들렸겠지만) 하나님의 병거(chariot)에 대한 환상을 인상적인 방식으로 예언했는데요(겔 1장). 그 환상은 결국 에스겔 11장에서 하나님이 성전 밖으로, 그리고 예루살렘 성 밖으로 멀리 떠나시는 것과 연결됩니다. 한때 하나님께서 그 백성 가운데 거하셨던 곳이 이제는 버림받게 된 것입니다. 아주 이상하게 들릴 수도 있지만 이러한 유기와 버림은 어떤 면에서 보면 위로의 메시지이기도 했습니다. 비록 바벨론 사람들의 손에 성전은 파괴되었지만, 만일 하나님 역시 더 이상 성전에 계시지 않는다면, 그분이 패배한 것이 아니라는 의미였으니까요. 이러한 측면에서 이사야 40장은 에스겔과는 다른 메시지를 선포합니다. 곧 이제 유기와 버림의 시대가 끝났으니 하나님께서 돌아오실 길을 예비해야 한다는 메시지였습니다.

이 이사야 본문은 사실 현대 영어로는 전달하기 어려운 특징을 하나 갖고 있습니다. "위로하라, 내 백성을 위로하라"는 외침은 사실 단수 명령문이 아니라 (현대 영어에는 없는) 복수 명령문입니다(한국어로는 복수 명령문의 느낌을 살려서 "위로하라, 너희는 내 백성을 위로하라"로 옮길 수 있습니다 - 역주). 여기서 하나님은 선지자에게 백성들을 위로하라고 말씀하시지 않습니다. 그 대신에 "거기 누구 없는가? 내 백성을 위로할 사람 없는가"라는 외침이 울려 퍼지고 있습니다. 이렇게 본문 전체가 하나님께서 사람을 찾으시는 장면으로 시작되는데요. 즉, 하나님께서는 지금 위로를 전해 줄 사람, "예루살렘의 마음에 닿도록"(이것은 "예루살렘에게 부드럽게 말하라"[NRSV]보다는 히브리어를 좀 더 문자 그대로 옮긴 표현입니다) 말할 사람을 찾고 계십니다. NRSV 번역은 이 부분의 의미를 온전히 담아내지 못하고 있습니다. 물론 이 메시지가 부드럽기는 하지만, 중요한 것은 전해지는 메시지가 반드시 백성들의 마음에, 그 중심에 전해져야 한다는 것입니다. 그렇게 해야 비로소 백성들의 상한 마음을 위로할 수 있고, 또 그들 안에서 깊고 진실되게 울려 퍼질 수 있으니까요. 그렇게 예루살렘—하나님께서 그분의 백성들 가운데 거하시는 장소—은 위로를 받게 될 것입니다. 하나님께서 돌아오실 것이니까요.

이사야 40장이 가진 흥미로운 특징 중 하나는 '얼마나 많은 목소리가 말하고 있느냐?'는 것입니다.

✱ 1절에서는 하나님 한 분으로 시작합니다.
✱ 3절에서는 이름이 밝혀지지 않는 목소리가 이어집니다.

✱ 6절에 또 다른 (혹은 동일한) 목소리가 나옵니다.

✱ 6절에서 또 '내'가 말합니다(선지자로 추정됩니다).

✱ 9절에서는 시온/예루살렘이 말하라는 명령을 받습니다
(NRSV의 경우 9절을 "시온이여 좋은 소식을 전하라 … 예루살렘이여 좋은
소식을 전하라"로 옮겼습니다 - 역주).

이러한 모습은 마치 이어달리기에서 배턴(막대기)을 건네주는 것과 비슷합니다. 하나님께서 위로의 메시지를 명하시자, 목소리들이 차례대로 그 메시지를 받아 전달하고, 마침내 예루살렘도 그 메시지를 말하라는 명령을 받습니다. 여기서 다소 놀라운 점은, 위로의 메시지를 받는 대상이었던 예루살렘이 이제 그 메시지를 온 유다에 두루 전하는 매개체가 된다는 것입니다. 이전에 예루살렘은 깨지고 상처 입어 슬퍼하는 성읍이었으나, 이제 하나님의 임재를 힘차게 전하는 성읍으로 변모하여, "보라, 주 여호와께서 오신다"는 메시지를 선포하게 된 것입니다.

여기서 중요한 점이 하나 있습니다. 바로 이사야서 본문이 말하는 위로는 부드럽고 다정한 메시지를 수동적으로 받는 것을 가리키는 것이 아니라 변화, 다시 말해 진리를 깊이 깨달음으로 인해 일어나는 변화를 가리킨다는 점입니다. 예루살렘의

백성들이 하나님께서 정말로 돌아오신다는 것을 깨닫는다면, 그들은 그 메시지를 선포하는 매개체가 될 것입니다. 이제 마땅히 그들은 높은 산에 올라가 그 메시지가 (위로가 절실히 필요한) 유다 모든 성읍에 전달되도록 큰 소리로 외쳐야 합니다. 무언가를 가르쳐 본 사람이라면 공감할텐데요. 본인이 어떤 주제를 잘 이해했는지(아니면 못했는지!), 그 여부를 확인하는 가장 좋은 방법은 바로 직접 말하고 가르쳐 보는 것입니다. 하나님께서 돌아오심을 선포하는 예루살렘의 외침은, 그 백성들에게 위로의 메시지를 받기만 하지말고, 그 메시지를 깨달아 그들의 것으로 만들라고 말합니다. 그래야 때가 되었을 때 그 메시지를 다른 이들에게 선포할 수 있기 때문입니다.

이 이사야 본문에서 예루살렘은 아주 능동적인 자세로 기다릴 것을 요구받습니다. 즉, 백성들은 위로의 메시지를 듣고 깨달아 자기 것으로 만들고 또한 다른 이들에게 전해야 합니다. 그렇게 해야 위로가 그들 안에 갇히지 않고 또 흘러가다가 막혀 버려지지 않고, 계속해서 전해질 수 있으니까요. 대림절이 우리에게 요구하는 기다림은 이와 같은 기다림입니다. 그 기다림 가운데 우리는 하나님의 임재에 관한 메시지를 듣고 받아들여야 하며, 또 그로 인해 변화되어서 다른 이들에게 전할 수 있어야 합니다.

묵상 마무리

대림절 기간은 우리에게 시간의 경계가 무너지는 것을 보여줍니다. 심지어 대림절은 우리가 시간의 경계를 무너뜨리는 일에 참여할 것을 요구합니다. 주전 8세기의 상황에서 주어진 예언들이 주후 1세기에 되살아나 새로워졌습니다. 그리고 주후 1세기에 적용되었던 예언은 21세기에도 여전히 적실합니다. 이를테면, 주전 8세기를 배경으로 하는 이사야 7:14-16과 같은 예언, 곧 우리와 함께하시는 하나님이라는 소망의 빛을 전하는 예언이, (주후 1세기) 예수님에게 적용되고 또 예수님을 통해 온전히 성취되었습니다. 그리고 그 예언은 오늘날에도 여전히 우리와 함께하시는 하나님이라는 소망이 됩니다. 마찬가지로, 하나님께서는 약 2,500년 전 포로로 잡혀 있던 자들에게 위로의 메시지를 주시고 또 그것을 선포하게 하셨는데, 그 메시지는 오늘날에도 여전히 우리에게 울려 퍼지고 있습니다. 동시에 종말(에 일어날 일)에 근거를 둔 소망은 2,000년 전이나 지금이나 여전히 유효합니다. 이처럼 과거가 무너져 현재 속에 녹아 들어가고, 현재가 무너져 미래 속에 녹아 들어가며, 미래가 무너져 과거 속에 녹아 들어가는 일이 계속해서 벌어지고 있습니다.

대림절은 우리에게 앞뒤로 뻗어 나가는 시간의 소용돌이

속에 거하라고 말합니다. 그렇게 함으로써 오히려 우리는 현재 속에 든든히 닻을 내릴 수 있습니다. 우리로 하여금 무너지고 소용돌이치는 시간 속에서 살아가게 하심으로써, 하나님께서는 지금 우리의 삶에서 무엇이 중요한지를 다시금 생각하게 하십니다. 앞에서 저는 우리가 대림절에 무엇을 기다리느냐고 물었습니다. 그 대답은 분명하지만 그렇다고 간단하진 않습니다. 우리는 하나님의 나라를, 예수님께서 우리 중에 계심을 보여주는 빛을, 그리고 (갑자기 임할) 마지막 때에 누릴 평화의 조각을 기다립니다. 하지만 기다리는 와중에도 우리는 하나님의 나라가 임하기를 기도해야 하고, 예수님께서 우리 가운데 계심을 알려야 하며, 마지막 때에 누릴 평화의 순간들이 오늘날 우리의 세계 속에 점점 더 많아지도록 힘써야 합니다. 우리는 기다립니다. 하지만 그 기다림의 일은 아무리 생각해도 수동적이지 않습니다.

하나님께로부터 보내심을 받은 사람이 있으니

그의 이름은 요한이라(요 1:6)

3장 세례 요한
시대와 시대 사이에서 기다림

들어가며

세례 요한은 대림절 화환의 세 번째 양초와 관련된 인물이
자, 또 언제나 가슴 아프게 느껴지는 인물입니다. 저에게는 복
음서에서 가장 안타깝게 느껴지는 인물 중 한 명이고요. 세례
요한은 예수님의 이야기에서 정말로 없어서는 안 되는 인물입
니다. 그는 예수님의 오심을 선포하고, 가리키고, 기다렸지만,
계속해서 외부인으로 남아 있었습니다. 세례 요한이 맡았던
역할은 마치 전령(사자)과 같았습니다. 예수님을 알리고, 자기
너머의 무언가를 가리키며, 앞날을 바라보았으나 결코 그날에
이르지는 못했지요. 세례 요한은 마치 야누스처럼 얼굴 하나
는 뒤쪽, 즉 옛것을 향해 있고 또 다른 얼굴 하나는 앞쪽 곧 새
것을 향해 있습니다.

많은 측면에서 세례 요한은 기다림의 전형이라고 할 수 있습니다. 여기서 떠오르는 질문이자 또 이번 장에서 살펴볼 질문은 바로 세례 요한은 과연 '그날에 이르렀는지' 여부인데요. 그는 자신이 무엇을 선포하는지 이해했을까요? 예수님이 진정 어떤 분이신지 파악했을까요? 자신이 사실상 옛것과 새것 사이에 있다는 것을 알았을까요? 세례 요한은 하나님의 나라가 가까이 온 것을, 무언가 다른 일이 다가오고 있다는 것을, 그리고 예수님께서 그 일을 일으키시리라는 것을 분명히 알고 있었습니다. 하지만 거기까지였을까요? 아니면 예수님 안에서 새롭게 변화된 세상을 잠시라도 맛보았을까요? 어떤 면에서 보면 후자에 대한 대답은 분명 "아니다"입니다. 세례 요한은 예수님께서 죽으시고 부활하시기 전에 죽임을 당했으니까요. 그렇지만 또 다른 면에서 보면 그 대답은 "아마도…"가 될 수도 있습니다. 세례 요한은 실제로 예수님을 만났으니 그분으로 인해 새로워지는 삶을 어렴풋하게나마 맛보았을 수도 있습니다.

그렇지만 이런 식의 질문을 하다 보면 점점 질문 자체가 틀렸다는 생각이 듭니다. 세례 요한은 그저 자기 자신으로 존재했을 뿐이고, 더 중요하게는 부르심을 받은 대로 존재했기 때문입니다. 세례 요한은 옛것과 새것 사이에서 기다리고 있었습니다. 하나님께서 그러한 기다림의 자리로 그를 부르셨기 때문입니다. 바로 그 기다림에 의미가 있습니다.

†

천사가 그에게 말하였다. 사가랴야, 두려워하지 말아라. 네 간구를 주님께서 들어주셨다. 네 아내 엘리사벳이 너에게 아들을 낳아 줄 것이니 그 이름을 요한이라고 하여라. 그 아들은 네게 기쁨과 즐거움이 되고 많은 사람이 그의 출생을 기뻐할 것이다. 그는 주님께서 보시기에 큰 인물이 될 것이다. 그는 포도주와 독한 술을 입에 대지 않을 것이요, 어머니 뱃속에 있을 때부터 성령을 충만하게 받을 것이며, 이스라엘 자손 가운데서 많은 사람을 그들의 주 하나님께로 돌아오게 할 것이다. 그는 또한 엘리야의 심령과 능력을 가지고 주님보다 앞서 와서, 부모의 마음을 자녀에게로 돌아오게 하고 거역하는 자들을 의인의 지혜의 길로 돌아서게 해서, 주님을 맞이할 준비가 된 백성을 마련할 것이다(눅 1:13-17, 새번역).

더 읽어 볼 본문: 누가복음 1:5-22

누가복음의 이야기는 서두가 끝나자마자 귀에 익은 장면 하나를 들려줍니다. 아마 이전에 들어 본 적이 있는 이야기일 것입니다. 어느 노부부의 모습으로 시작되는 이야기인데요. 두 사람은 아이를 간절히 원했으나 불임이었고, 더욱이 이제는 늙어버렸습니다. 누가는 이런 식으로 아브라함과 사라의 이야기를 반향하고, 우리가 그 이야기를 기억할 것을 기대합니다.

그러나 이 이야기 이면에서 이삭의 출생만 아른거리는 것은 아닙니다. 사무엘과 삼손의 출생도 아른거립니다. 아브라함과 사라와 마찬가지로, 마노아와 (이름이 알려지지 않은) 그 아내, 그리고 엘가나와 한나 역시 아이를 갖지 못했습니다. 그런데 사실 이 외에도 (히브리성경의 이야기가) 누가의 이야기와 연결되는 지점들이 더 있는데요. 일단 사가랴와 엘리사벳이 늙었다는 이야기에서도 이삭의 출생이 떠오릅니다. 또 세례 요한이 해야 할 일과 관련된 언급에 있어서는 삼손이 떠오릅니다. 한 천사가 삼손의 출생을 미리 알려주며 다음과 같이 말했습니다. "네가 지금까지는 임신할 수 없어서 아이를 낳지 못하였으나, 이제는 임신하여 아들을 낳게 될 것이다. 그러므로 이제부터 조심하여, 포도주나 독한 술을 마시지 말아라. 부정한 것은 어떤 것도 먹어서는 안 된다. 네가 임신하여 아들을 낳을 것인데, 그 아이의 머리에 면도칼을 대어서는 안 된다. 그 아이는 모태에서부터 이미 하나님께 바쳐진 나실 사람이기 때문이다. 바로 그가 블레셋 사람의 손에서 이스라엘을 구하는 일을 시작할 것이다"(삿 13:3-5, 새번역). 사가랴가 받은 약속에도 세례 요한이 삼손처럼 나실인 서원을 해야 한다는 암시가 들어 있습니다. 물론 세례 요한과 삼손 모두 거칠고 예측 불가능한 성격이라는 점에서도 연결됩니다. 세례 요한의 출생은 사무엘의 출생과 더욱 직접적으로 연결되는데요. 두 사람 모두 출생에 대한 약속을 성전에서 받기 때문입니다(삼상 1장).

이처럼 다른 출생 이야기들의 반향은 세례 요한의 출생의 의미를 이해함에 있어서 분명하게 드러난 사실 너머까지도 봐야 함을 알려줍니다. 아이를 몹시도 원했던 부부들에게 이삭과 삼손과 사무엘의 출생에 대한 약속이 주어졌습니다. 하지만 그 약속은 그저 아이를 낳게 될 것이다라는 약속 정도가 아니었습니다. 그 약속은 장차 그 아이가 어떤 사람이 되고 또 어떤 일을 하게 될지에 관한 약속이기도 했습니다.

✴ 이삭의 출생으로 하나님의 약속—아브라함이 큰 민족의 조상이 되고, 하나님께서 보여 주실 땅에서 살 것이며, 또 하나님께서 아브라함에게 복을 주시겠다는 약속—이 부분적으로 성취되었습니다(창 12:1-2).

✴ 삼손의 출생 목적은 "블레셋 사람의 손에서 이스라엘을

구하는 일(을 시작하는 것)"이었습니다. 삼손의 소명은 블레셋의 막강한 군대와 싸워 그 땅에서 블레셋 사람들을 몰아내는 것이었고, 삼손은 자신의 소명을 다양한 수준에서 완수했습니다.

✱ 사무엘의 출생 목적은 하나님께서 사무엘을 성전에서 부르실 때 명확해졌습니다. 사무엘은 엘리와 그의 가족이 부패했으므로 하나님께서 장차 그들을 쓸어 내실 것이며, 또한 신실한 새것을 세우실 것이라는 이야기를 엘리에게 전해야 했습니다.

그렇다면 하나님의 약속의 성취자 이삭, 이방의 정치 세력과 맞서 싸운 이단아 전사 삼손, 이스라엘의 예배를 정결케 하고 왕에게 기름을 부으라고 명령받은 선지자 사무엘, 이 세 인물이 세례 요한의 배후에 있다고 할 수 있습니다. 그는 장차 새로운 이삭, 새로운 삼손, 새로운 사무엘이 될 것입니다. 세례 요한은 새로운 이삭이 되어 하나님의 약속—하나님께로부터 멀어진 사람들에게 주어진 약속—을 성취할 것입니다(물론 지금은 그들의 수가 많아졌고, 또 그 땅에 정착하기도 했지만요). 또한 새로운 삼손이 되어 광야에서 이단아의 목소리를 외치며 정치 세력에 저항할 것입니다. 그리고 새로운 사무엘이 되어 선지자로서 이스라엘의 예배에 이의를 제기하고 그들을 위해 새로운 "왕"에게 기름을 부을 것입니다.

그런데 마치 이것으로도 충분하지 않다는 듯이, 세례 요한이 또한 새로운 엘리야도 될 것이라는 약속이 사가랴에게 주어집니다. 새 엘리야로서 세례 요한은 사람들이 주님을 맞이하도록 그들을 준비시킬 것입니다(이사야 40:3은 요한이 성인이 되어 등장할 때에야 언급되지만, 이미 누가복음 1:17에서도 반향되고 있습니다).

사가랴가 받은 약속을 보면 세례 요한은 분명 유대인들의 소망을 집약한 인물입니다. 심판하는 동시에 약속하고, 정죄하는 동시에 소망을 주니까요. 사람들을 이끌어 하나님께 돌아오게 하라고 부르심을 받은 이들의 행렬에 이제 세례 요한도 서게 됩니다. 그는 구약의 인물들 중에서 가장 마지막 인물로서 구약의 성취와 심판, 새로운 시작을 드러내는 사람인 동시에, 신약(예수님의 사역)에 등장하는 인물들 중에서 가장 먼저 나오는 인물로서 사람들이 예수님을 맞이하도록 준비시키는 사람입니다. 즉, 그는 과거와 미래를 바라보며 옛것과 새것을 연결하는 사람입니다.

따라서 세례 요한은 대림절의 본보기와 같다고 할 수 있습니다. 세례 요한이라는 인물을 통해 과거와 미래가, 현재에 전해진 강렬한 메시지 가운데 만나게 되기 때문입니다. 그는 기다리라는 명령을 받았지만, 그 기다림이 수동적인 기다림은 아니었습니다. 그 기다림은 잠잠하지 않았으며, 불안과 동요를 일으키는 기다림이었습니다. 다시 말해, 아주 능동적인 기다림이었죠.

✝

> 그 근처에 사는 자가 다 두려워하고 이 모든 말이 온 유대 산골에 두루 퍼지매 듣는 사람이 다 이 말을 마음에 두며 이르되, 이 아이가 장차 어찌 될까 하니 이는 주의 손이 그와 함께 하심이러라(눅 1:65-66).

더 읽어 볼 본문: 누가복음 1:59-66

유다 산골에 들불처럼 퍼져 나간 소문이 다음과 같이 우리 귀에도 들리는 듯합니다. "사가랴 소식 들었어요? 제사장 사가랴 아시죠? 사람들 말로는 그가 성전에서 천사를 봤대요. 그리고 지금은 말조차 못하게 되었대요. 아니, 최소한 아들이 태어난 다음에야 말을 할 수 있게 되었다는데, 그가 무슨 말을 했을지 당신은 짐작도 못할걸요? 아, 이미 들으셨구나. 옆집 분은 아직 못 듣지 않았을까요? 저기요, 사가랴 소식 들었어요?"

세례 요한의 출생을 둘러싼 일 때문에 틀림없이 한바탕 소동이 일어났을 것입니다. 제사장이 성전에서 천사를 본다거나, 말문이 막혀 버린다거나, 혹 늙고 불임인 아내에게서 아들을 얻는다거나, 또 때맞춰 다시 말을 할 수 있게 되어 정해진 아이의 이름을 뒤집고 하나님께서 주신 이름을 큰 소리로 알린다거나 하는 일이 날이면 날마다 일어나지는 않았을테니까요. 아마도 그 근방에서 가장 떠들썩하게 소문이 날 만한 이야기였을 것입니다. 하지만 누가복음 1:65에서도 알 수 있듯이, 이러한 일은 사람들을 흥미롭게 하면서도 또한 두렵게도 했을 것입니다. 이는 어떤 두려움이었을까요? 이 두려움은 아마도 우리가 이 책의 1장(60-61쪽)에서 다루었던 두려움와 같은 유의 두려움일 것입니다. 참 하나님이면서 동시에 위험한 하나님을 마주할 때 자연스럽게 뒤따르는 경외의 두려움이죠.

사가랴가 두려움만 느낀 것은 아니라는 점도 눈에 띕니다. 누가복음 1:12을 보면 사가랴는 놀라고/당황하고/심란해 하면서 그와 **동시에** 두려움에 휩싸입니다. 그런데 유대 산골에 사는 사람들의 경우에는 정확히 어떤 이유로 두려움을 느낀 것이었을까요? 간단합니다. 세례 요한의 출생 사건은 곧 그가 하나님께서 택하신 사람이라는 표시였기 때문에 그들은 두려워했습니다. 그들 역시 이 사건이 하나님께서 장차 세례 요한에게 특별한 일을 맡기실 것이라는 의미임을 알았습니다. 그런데 세례 요한이 워낙 가까이에 있으니 자신들도 그 특별한 일에 휘말릴 것을 알았고 그러한 이유에서 두려움을 느끼게 된 것입니다. 즉, 하나님의 개입으로 인하여 삶이 송두리째 뒤집힐 사람이 사가랴와 엘리사벳만이 아님을 알았던 것이죠. 그러니 가장 자연스러운 반응은 두려움이었을 것입니다.

이 이야기에서 흥미진진한 볼거리 중 하나는, 세례 요한의 이름을 고르는 가운데 일어나는 소동입니다. 몇 가지 눈에 띄는 세부 사항들은 다음과 같은데요.

✱ 요한을 그의 아버지의 이름을 따라 사가랴라고 부르자는 주장입니다. 그런데 사실 당시에는 아버지보다 할아버지의 이름을 따서 아이의 이름을 짓는 것이 훨씬 더 보편적이었습니다. 그럼에도 굳이 아버지의 이름을 따라 요한의 이름을 지으려고 했던 것은 사가랴가 말을 하지 못하게 된 상황과 관련이 있습니다. 사람들은 그러한 상황을 상징적으로 해석하여, 요한이 아버지의 뒤를 곧장 이어야 한다는 의미로 받아들였던 것입니다.

✱ 요한의 이름을 생후 8일 곧 할례를 받을 때 지었다는 부분입니다. 히브리성경에 따르면, 아이의 이름은 할례받을 때가 아니라 태어났을 때 짓는 것이 관례였습니다(창

세기 21:3에서 아브라함이 이삭의 이름을 지은 것처럼요). 사실 할례 시에 이름을 짓는 관례는 요한의 출생 후 한참이 지나고 나서야, 즉 후기 유대교에 이르러서야 나타나는 관례입니다. 물론 이것이 엄청나게 중요한 사항은 아닙니다. 누가는 요한이라는 이름의 중요성을 더욱 돋보이게 하기 위해 그와 같이 기록한 것일 수도 있습니다.

그만큼 요한이라는 이름이 중요합니다. 방금 언급한 세부 사항들은 모두 그 중요성에 관심을 쏟게 만듭니다. 요한이라는 이름에는 사실 미묘한 언어유희가 깔려 있는데요. 히브리어 이름, 요하난(*Yohanan*, 요한[John])은 "하나님께서 은혜를 베푸셨다"라는 문구에서 유래합니다. 그중에서도 하난(*hanan*)은 히브리어 단어 테힌나(*tehinna*, '은혜를 구하는 기도'라는 뜻)와 연결됩니다. 테힌나는 보통 그리스어 데에시스(*deēsis*)로 옮겨지는데, 이 단어는 누가복음 1:13에서 천사가 사가랴에게 "주님께서 네 기도를 들어주셨다"라고 말할 때 사용됩니다. 그렇다면 요한의 이름은 곧 하나님께서 사가랴의 기도를 들어주셨음을 상징하는 표현이라고 할 수 있습니다. 따라서 사가랴가 자신의 아들을 요한("하나님께서 은혜를 베푸셨다")으로 부르겠다고 고집한 것은 마침내 그가 하나님의 약속이 진실로 성취되었음을 보게 되었다는 표시입니다. 실제로 아이의 출생을 제대로 선포할 준비가 되자, 사가랴는 다시 말을 할 수 있게 됩니다.

세례 요한의 출생에 대한 소식은 많은 이들이 장차 그 아이가 어떤 사람이 될지 궁금해할 정도로 대단한 소식이었습니다. 오늘날에도 아기의 특징을 보고 그 아기가 자라서 장차 어떤 사람이 되리라고 의미를 부여하는 사람들이 많은데요. 이를테면, 태동으로 발차기를 세게 하는 아기는 장차 축구 선수가 될 것이라고 보는 식입니다. 또 예정일보다 일찍 태어난 아기는 늘 서두르는 사람이, 예정일보다 늦게 태어난 아기는 늘 지각하는 사람이 될 것이며, 잠을 많이 자는 아기는 느긋한 어른이, 울음이 많은 아기는 까다로운 어른이 될 것이라는 식으로 보는 것입니다. 그런데 세례 요한이 특별하게 임신이 된 아기였다는 것을 보고—게다가 그 과정에서 놀랍게도 아버지, 사가랴는 말을 못하게 된 것을 보고, 또한 흔치 않은 방법으로 요한의 이름이 정해진 것을 보고—장차 그 아기가 예측할 수 없는 선지자와 같은 인물이 되어, 광야에서 메뚜기와 석청을 먹고, 그 땅의 통치자들의 심기를 불편하게 만들게 될 것이라고 누가 짐작이나 할 수 있었을까요?

아주 조금이라도 짐작할 수 있었을까요? 그럴 리 없습니다. 세례 요한의 출생과 관련하여 일어난 일들은 그저 하나님께서 요한을 선택하셨음을 가리켰을 뿐이니까요. 하나님을 따르는 여정에는, 하나님께서 다음에는 어디로 인도하실지를 찾는 일도 포함되어 있습니다. 하나님께서 우리를 부르셨음을 안다고 해서, 그분이 **무엇을** 위해 우리를 부르셨는지까지도 알수 있는 것은 아닙니다. 심지어 하나님께로부터 부르심 받은 일을 어느 정도 안정적으로 하고 있다고 해도, 그 부르심이 내일이나 다음 달에도, 혹 내년에도 그대로일 것이라고는 확신할 수 없습니다. 세례 요한이 태어났다는 소식을 들은 사람들은 하나님께서 요한을 부르고 계시다는 것을 알았습니다. 그래서 그들은 그 부르심이 어디로 향하게 될지 곰곰이 생각했고, 결국 모든 사람에게 두루 영향을 미치게 되리라는 것을 깨달았습니다. 그러니 두려움을 느끼지 않을 수 없었습니다.

†

세례 요한이 광야에 이르러 죄 사함을 받게 하는 회개의 세례를 전파하니 온 유대 지방과 예루살렘 사람이 다 나아가 자기 죄를 자복하고 요단강에서 그에게 세례를 받더라(막 1:4-5).

더 읽어 볼 본문: 마가복음 1:2-11

마가의 이야기에서는 세례 요한이 좀 느닷없이 등장합니

다. 요한의 임신과 출생을 둘러싼 누가의 이야기를 읽은 사람이라면, 그 아기가 장차 어떤 사람이 될지를 생각하는 쪽으로 기울었을 것입니다. 누가복음에서는 그렇게 훨씬 더 부드러운 방식으로, 즉 아기일 때 그 장래를 그려보는 과정에서 세례 요한이 등장합니다. 하지만 마가복음에서는 "하나님의 아들 예수 그리스도의 복음의 시작이라"(막 1:1) 이후 거의 숨 돌릴 틈도 없이 곧바로 이상한 세례자 한 명이 등장합니다. 마가 역시도 우리에게 세례 요한에 대해 무언가를 말해주는데요. 곧 마가의 이야기에 세례 요한은 아주 급작스럽게 등장하여 사람들을 불안하게 만들고 동요시키는 인물로 그려집니다.

우리가 세례 요한의 중요성을 자주 간과하게 되는 이유 중 하나는, 그의 메시지를 다소 당연하게 여기기 때문입니다. 우리에게는 세례와 회개와 용서가 너무나도 익숙하기 때문에 그의 메시지가 진부하게 들리는 것이죠. 다시 말해, 우리가 그 메시지의 과격한 성격을 파악하기는 쉽지 않습니다. 우리는 세례 요한이 죄 용서로 이어지는 '회개 세례'(그리스어로 된 표현을 직역하면 이렇게 됩니다)를 선포하는 과정을 보게 되는데요. 이 말은 죄 용서를 위한 회개 그리고 세례라는 뜻일 수도 있고, 혹은 죄 용서를 위한 '회개 – 세례'라는 뜻일 수도 있습니다(이 두 가지 뜻의 흥미로운 차이는 더 자세히 다룰 가치가 있는 주제이지만, 여기에서는 지면의 한계상 더 자세히 살펴보기가 어렵습니다).

세례 자체가 전혀 생소한 일이 아니었지만, 요한의 세례는 다소 생소한 것이었습니다. 물론 제의상 '물로 씻기'는 1세기 유대교(Judaism)에서 흔한 일이었습니다. 실제로 제의상 몸을 물에 담그는 데 쓰이는 **미크바오트**(miqva'ot, 목욕통)가 예루살렘과 쿰란에서 많이 발굴되었습니다. 당시 제의상 물로 씻기는 예배를 준비하며 정기적으로 하는 일이었습니다. 이와 대조적으로, 요한의 세례는 단 한 번뿐이고, 또한 반복될 수 없는 행위였습니다. 당시 이방인들이 개종자가 될 때, 즉 유대교로 개종하거나 쿰란 공동체에 가입할 때는 물에 몸을 담가야 했는데, 요한의 세례가 그러한 행위에 더 가깝다고 말하는 이들도 있습니다. 이러한 종류의 행위는 어떤 상태에서 다른 상태로의 이동을 상징했습니다. 특히 외부인이 내부인 자리로 옮겨가는 방편이었죠.

요한의 세례를 입회자의 세례에 비교할 수 있다고 해도, 여전히 차이점은 남아 있습니다. 가장 의미심장한 차이점은 한 사람이 다른 사람에게 세례를 준다는 점입니다. 유대교 안에서 잘 알려진 정결 의식은 모두, 각자가 자기 자신에게 행하는 방식이었습니다. 하지만 요한의 세례의 경우 요한이 다른 누군가에게 행하는 방식이었습니다. 그래서 요한의 세례는 개인의 정결 의식과는 대조적으로 공동체의 행사가 되었습니다. 이처럼 요한의 세례에는 한 개인을 넘어서 지역으로, 즉 공동체로 확장되는 측면이 담겨져 있습니다.

요한의 세례가 보여주는 또 다른 중요한 차이점은, (특별 제작되고 제의상 정결한) 미크바오트가 아니라 (지저분하여 전혀 마음이 내키지 않는) 요단강에서 세례를 주었다는 것입니다. 요단강에서도 진정한 정결 의식이 열릴 수 있었던 이유는, 그곳이 귀향의 장소이며(이스라엘이 가나안 땅으로 들어가려고 요단강을 건넌 이야기가 여호수아 3:1-17에 있습니다), 치유의 장소(아람 장군 나아만이 엘리사에게 치료받은 이야기가 열왕기하 5:1-27에 있습니다)였던 이유도 있지만, 무엇보다도 요한의 정결 의식의 경우 완전히 다른 종류의 의식이었기 때문입니다.

요한의 세례가 보여주는 가장 독특한 차이점은 그 세례가 외부인을 내부인으로 바꾸는 방편이 아니라, 내부인(유대와 예루살렘 사람들)을 회개시키기 위한 방편이었다는 점입니다. 그리스어 메타노이아(metanoia)를 직역하면 생각이나 마음의 변화를 뜻하는데요. 유대와 예루살렘 사람들의 생각과 마음이 완전히 변하는 일이 벌어지는 상황에서, 그 변화를 상징적으로 나타내는 것이 곧 세례였습니다. 그리스어 메타노이아는 슈브(shub)라는 히브리어 단어와 관련이 있는데요(아마도 이 단어가 메타노이아의 의미에 어느 정도 영향을 미쳤을 것입니다). **슈브**를 직역하면, 반대 방향으로 돌아선다는 뜻이므로, 그것이 곧 회개의 진짜 의미— 어떤 상태에서 벗어나 새롭고 더 나은 방향으로 돌아서는 것—라고 할 수 있습니다.

당시 사람들이 '오실 그분'을 맞이하도록 준비시키려면, 그들이 알고 있고 또 믿고 있던 모든 것에 대한 방향을 완전히 재조정해주는 것 외에는 방법이 없었습니다. 그렇게 방향을 재조정할 때, 가장 우선적으로 요구되는 사항은 곧 성전 밖에서도 죄의 용서가 가능함을 인정하는 일이었습니다. 당시 많은 유대인들은 죄 용서가 오직 성전에서의 희생제사를 통해서만 가능하다고 믿었기 때문에, 이러한 개념은 적지 않은 충격을 주었을 것입니다.

세례 요한의 메시지는 곧 주님의 오심을 준비하라는 메시지였습니다. 만일 유대와 예루살렘 사람들이 자신들은 내부인이지만 그럼에도 삶의 방향을 완전히 재조정함으로 깨끗해져야 함을 깨달았다면, 또한 죄를 깨닫고 더 나아가 그 죄에 대한 용서를 성전 밖에서뿐 아니라 예루살렘 밖에서도 받을 수 있음을 받아들였다면, 그들은 예수님을 맞이하는 백성이 되었을 것입니다.

마가복음에 기록된 세례 요한의 메시지("죄 용서로 이어지는 회

_{개의 세례}")가 겉보기에는 단순하지만, 그 메시지는 그의 등장만큼이나 큰 혼란을 일으켰습니다. 많은 사람들이 세례 요한의 세례는 받아들이면서도, 정작 그의 메시지에 담긴 급진적 의미는 이해하지 못했습니다. 이 점은 예수님의 사역 과정 속에서도 잘 드러납니다. 물론 오늘날 우리라고 해서 그들보다 더욱 잘 이해하고 있으리란 법은 없습니다. 흔히 세례는 단회적인 사건이므로 회개/방향 재조정 역시 한 번뿐이라고 가정하곤 합니다. 일단 세례를 받았다면, 안도의 한숨을 쉬고 마음 편히 내부인의 삶을 이어갈 수 있다는 식으로요. 그런데 예수님께서는 이와 다르게 가르치셨습니다. 세례로 우리는 회개의 삶을 시작할 뿐이라고요. 다시 말해, 예수님께서는 세례가 하나님께로 향하는 방향의 재조정, 평생에 걸쳐 이루어질 그 재조정의 시작일 뿐이라고 가르치셨습니다. 이러한 맥락에서 세례 요한의 메시지는 평생에 걸쳐 일어날 혼란을 선포하는 메시지였습니다. 세례는 단회적이지만, 회개/방향 재조정은 그렇지 않으니까요.

대림절은 방향 재조정이라는 혼란을 일으키는 세례 요한의 가르침을 다시 살펴보는 시기입니다. 그리고 바로 그 가르침이 우리가 간절히 기다리는 예수님을 온전히 맞이할 수 있게 해줍니다.

하나님께로부터 보내심을 받은 사람이 있으니 그의 이름은 요한이라. 그가 증언하러 왔으니 곧 빛에 대하여 증언하고 모든 사람이 자기로 말미암아 믿게 하려 함이라. 그는 이 빛이 아니요, 이 빛에 대하여 증언하러 온 자라(요 1:6-8).

더 읽어 볼 본문: 요한복음 1:1-11

"신부 들러리를 세 번 하면, 절대로 신부가 되지 못한다(결혼을 못한다)"는 미신이 있습니다. 제가 결혼하기 전 세 번째로 신부 들러리를 하게 되었을 때 누군가 저에게 그 말을 해주었는데, 그것을 들으면서 '설마 아니겠지?'라고 살짝 불안감을 느꼈던 기억이 있습니다. 물론 저의 경우 그 말은 사실이 아닌 것으로 드러났지만요. 그 미신은 조연을 자주 하면서 주연은 하지 않는다면 좋지 않은 일이 일어날지도 모른다는 두려움을 담고 있습니다. 우리는 '고정 배역', 즉 특정한 존재 방식을 따르며 살아가는데, 때로는 그 방식이 남은 일생 동안의 우리의 모습을 결정하기도 합니다.

요한복음의 서언에 나오는 세례 요한에 대한 언급은 그의 배역을 고정시키는 방향으로 흐르고 있습니다. 세례 요한은 영원한 신부 들러리 혹은 신랑 들러리입니다. 그의 역할은 영원히 증인으로 남는 것입니다. 이렇듯 세례 요한이 세상에 온 유일한 목적은 곧 다른 누군가를 가리키는 데 있었습니다. 역사적인 시각에서 볼 때, 요한복음 1:1-11은 아마도 세례 요한에 대한 신앙심을 뒤엎기 위해 담긴 내용일 것입니다. 사도행전 18:25은 아볼로가 예수님에 대해 열심히 가르치면서도 정작 요한의 세례만을 알고 있었다고 이야기합니다. 또 복음서는 세례 요한의 제자들이 예수님께 질문하러 오는 장면을 보여주는데요(마 9:14; 눅 7:18). 관련된 본문을 보면 세례 요한의 제자들은 요한이 정말로 능력 있는 선지자임을 알았고, 그래서 요한 외에는 누구도 따르려 하지 않았던 것으로 보입니다. 요한복음은 서언에서부터 바로 이러한 신앙심을 뒤엎으려 합니다. 세례 요한은 증인이자 전령(사자)이고, 빛을 가리키는 사람이지 빛 자체는 아니라는 점을 상기시키려는 것입니다. 세례 요한은 명소를 가리키는 표지판으로 부르심을 받았지, 그 명소로 부르심을 받은 것이 아니었으니까요.

세상에서는 개인의 지위와 성공이 너무나 중요하기 때문에, 어떤 이의 **레종 데트르**(raison d'être, 존재 이유)가 자신보다 뛰어난 다른 이를 지목하는 것이라는 개념을 이해하기 쉽지 않습니다. 세례 요한은 다른 누군가를 증언하라고, 그 자신을 넘어서 세상의 참 빛이신 분을 가리키라고 보냄을 받았습니다. 요한복음의 중요한 특징 중 하나가 바로 이 증언이라는 주제인 데요. 실제로 세례 요한은 요한복음 곳곳에서 증언을 합니다 (요 1:15; 1:34; 3:28). 물론 우물가의 여인도 자신의 동네에 있는 사마리아인들에게 증언합니다(요 4:39). 또 예수님께서 하신 일이 예수님을 증언하고(요 5:36) 하나님께서도 예수님을 증언하십니다(요 5:37). 이뿐만 아니라 예수님께서 세상에 대해 불리하게 증언하시기도 하고(요 7:7) 또 성령님도 오셔서 증언하실 것입니다(요 15:26). 마지막으로 요한복음 자체도 복음서라는 형식으로 길게 증언을 하고 있습니다("이 일들을 증언하고 이 일들을 기록한 제자가 이 사람이라 우리는 그의 증언이 참된 줄 아노라"[요 21:24]).

요한복음 안에서의 증언의 중요성을 떠올려 볼 때, 이 복음서의 시작과 끝에서 증언하는 세례 요한과 요한복음의 저자를 제외하면(세례 요한은 시작 부분에서, 요한복음의 저자는 끝부분에서 증언합니다), 예수님을 증언한 '사람'이 우물가의 여인 한 사람뿐이라는 점은 눈여겨볼 필요가 있습니다(나머지 증언은 예수님께서 하신 일, 하나님, 보혜사[파라클레테, paraclete] 혹은 '영'에게서 나옵니다). 세례 요한이 진리를 깨닫고, 자기를 통해 다른 사람들도 그 진리를 믿도록 증언했듯이 이 여인도 증언했습니다. 그 결과 여인이 살던 동네에서 많은 사마리아인들이 예수님을 믿게 되었습니다.

요한복음에서는 진리를 깨닫고 믿어 다른 이들에게 증언

하는 것이 예수님의 사역에 있어서도 핵심을 차지합니다. 실제로 세례 요한을 시작으로 예수님을 증언하는 사람들의 긴 행렬이 이어집니다. 여기서 우리는 평생 '입상하지 못하는 선수가 되라'는 소명을 묵묵히 받아들이는 세례 요한의 역량에 놀라고 말 것이 아니라, 사실상 그의 소명이 곧 우리의 소명이라는 점을 볼 수 있어야 합니다. 세례 요한은, 언제나 자신보다 뛰어난 분을 가리키고 또 세상의 빛이신 분에게만 관심이 쏟아지도록 하라는 명령을 받았는데요. 우리도 그와 동일한 명령을 받았습니다. 세례 요한의 사역을 통해 예수님을 증언하는 행렬이 시작되었고 이제 우리 역시 그 행렬의 일부가 되었습니다. 세례 요한은 진리를 증언하여 "모든 사람이 자기로 말미암아 믿게 하려"(요 1:7) 했습니다. 믿음이 생겼다면, 우물가의 여인처럼 그 메시지를 또 다른 이들에게 전달해야 합니다. 그렇게 해서 많은 사람들이 믿고 또 전달하게 됩니다.

세례 요한은 자신의 위치가 중심이 아니라 가장자리임을, 인기 있는 명소가 아니라 그 명소를 가리키는 표지판임을, 빛이 아니라 그 빛을 다른 사람들이 보도록 돕는 자임을 아주 겸손하게 받아들였고, 그러한 측면에서 우리의 본보기가 됩니다. 곧 우리 모두를 향한 예수님의 부르심은 곧 세례 요한에게서 '이어달리기 배턴'을 넘겨 받아, 세상에 구원을 가져오신

분을 증언하라는 것입니다. 이것은 앞서 살펴본 방향 재조정에 있어 일부분에 불과하지만 그럼에도 아주 중요한 부분입니다. 세례 요한의 회개 메시지에는, 우리 존재의 중심이 더 이상 우리 자신을 향하는 것이 아니라 훨씬 더 위대하신 분을 향하도록, 그 방향을 크게 재조정하는 일이 포함되어 있습니다.

우리는 대림절 동안에 기다림을 통해서, 세례 요한의 배턴을 이어받아 그것을 계속해서 전달하는 일이 얼마나 중요한지를 기억해야 합니다. 또한 삶의 중심으로부터 자기 자신을 밀어내고, 방향을 재조정하여 예수님께서 그 중심에 계실 수 있도록 애쓰는 일이 얼마나 중요한지를 기억해야 합니다.

✝

요한의 제자들이 이 모든 일을 그에게 알리니, 요한이 그 제자 중 둘을 불러 주께 보내어 이르되 오실 그이가 당신이오니이까, 우리가 다른 이를 기다리오리이까 하라 하매(눅 7:18-19).

더 읽어 볼 본문: 누가복음 7:18-23

대중매체에 따르면, 효과적인 의사소통은 표현(방법)이 93%를 좌우하고, 그 내용은 고작 7%만을 좌우한다고 합니다. 생각해보면 좀 맥빠지는 이야기인데요. 신약성경을 해석할 때

마주하는 어려움 중 하나가 바로 우리에게는 그 7%만 있고, 93%는 없다는 것이기 때문입니다. 여기에서 온갖 문제들이 발생합니다. 그중 하나가 누가복음 7장에 나오는데요. 여기서 문제는 세례 요한이 어떤 어조로 그러한 질문을 했는지 우리가 알지 못한다는 것입니다(눅 7:18-19). 또한 그 질문을 세례 요한이 직접하지 않고, 그의 제자 두 명을 통해서 했다는 점 때문에 문제가 더욱 어려워집니다. 세례 요한의 말이 계속해서 옮겨지면서—세례 요한으로부터 그의 제자들에게로, 예수님에게로, 구두 전승으로, 기록된 자료로 계속해서 옮겨지면서—그의 어조는 겹겹이 가려집니다. 세례 요한은 그의 질문 끝부분에서 목소리를 높였을까요, 낮췄을까요? 즉, 요한은 "그러면 당신이 그분입니까? 제가 지금까지 예언해 온 그분입니까?"라고 궁금해했을까요, 아니면 "제가 틀렸나요? 저는 당신이 오실 그분이라고 생각했는데, 이제는 잘 모르겠습니다"라며 의심했을까요? 이러한 의문들은 꽤 중요합니다.

세례 요한이 예수님에게 세례를 베풀 때 그분을 알아보았는지 여부에 따라 그 답이 달라집니다. 요한복음의 저자는 세례 요한이 예수님을 알아보았다고 확신합니다. 요한복음에서 세례 요한은 예수님께서 지나가시는 것을 보고 "보라 세상 죄를 지고 가는 하나님의 어린 양이로다"(요 1:29, 36)라고 선언합니다. 마태복음도 이와 생각이 같아 보이는데요. 마태복음을 보면, 세례 요한이 그가 오히려 예수님에게 세례를 받아야 한다고 말하면서 예수님이 세례 받으시는 것을 만류하는 장면이 나옵니다(마 3:14). 물론 나머지 복음서의 저자들의 경우 이런 점이 그리 분명하게 드러나진 않습니다. 마가와 누가 역시 예수님에 대한 세례 요한의 예언(막 1:7-8; 눅 3:16)과, 예수님의 세례(막 1:9-12; 눅 3:21-22)를 언급하기는 하지만, 그 두 사건을 딱히 연관 짓지는 않는 것 같습니다. 세례 요한이 (자신이 세례를 준) 예수님이 정말로 그가 예언한 '그분'이심을 알았는지 여부를 여전히 확신할 수 없는 상황입니다.

이러한 상황을 감안하면, 누가복음이 세례 요한의 입을 통해서 예수님이 실제로 '오실 그분'이 맞는지 아닌지에 대해 질문을 던진 것이 꽤 흥미롭습니다. 문맥을 보면 세례 요한의 질문에는 희망 아니면 절망, 둘 중 하나가 담겨 있습니다. 만일 세례 요한이 그전까지도 자신이 한 예언과 예수님을 연결 짓지 못했던 것이라면, 그 질문을 던진 순간은 곧 갖고 있던 모든 퍼즐 조각들을 모아서 예수님이 누구이신지를 이해하기 시작한 순간이 됩니다. 반면에, 만일 세례 요한이 그 둘 사이를 연결 짓고 따져 본 뒤에 질문을 한 것이었다면, 그 질문은 곧 환멸을 담은 질문이 됩니다. "저는 당신이 오실 그분이라고 생각했는데, 이제 보니 당신은 제가 간절히 기다려 온 일은 하나도 하지 않으시는군요"라고 말한 셈이죠.

시간이 지나면서 세례 요한이 던진 질문("오실 그이가 당신이오니이까, 우리가 다른 이를 기다리오리이까"[눅 7:19])의 어조도, 또 누가는 세례 요한이 그러한 질문을 하기 전에 예수님이 누구이신지를 알고 있었다고 생각한 것인지에 대한 의문도 흐릿해졌지만, 세례 요한의 질문만은 여전히 (해결되지 않은 채로) 그대로 남아 있습니다. 그러한 질문을 던진 때가 세례 요한에게 빛이 들어온 때였는지 아니면 꺼진 때였는지는 확신할 수 없지만, 적어도 우리에게는 예수님이 누구이신지를 필사적으로 알아내려 했던 한 사람의 모습이 남아 있습니다. 이러한 상황에서 예수님께서 하신 대답이 아주 중요한데요. (그 대답을 들은) 세례 요한의 제자들은 이제 "눈먼 사람이 다시 보고, 다리 저는 사람이 걷고, 나병환자가 깨끗해지고, 귀먹은 사람이 듣고, 죽은 사람이 살아나고, 가난한 사람이 복음을 듣는다"(눅 7:22, 새번역)라는 대답을 요한에게 전해야 했습니다. 이는 이사야 35:5-6과 61:1, 호세아 6:1-2, 미가 4:6, 스바냐 3:19과 같은 히브리성경 속 예언들이 뒤섞여 성취되었음을 가리킵니다. 그렇게 중요한 사안은 아니지만 그럼에도 한 가지 흥미로운 점은, 예수님께서 말씀하신 내용 중에 히브리성경에 예언되지 않은 내용이 하나

포함되어 있다는 것입니다. 바로 나병환자가 깨끗해진다는 이야기입니다. 어찌되었든 그 놀라운 일련의 일들이 ("나[예수]에게 걸려 넘어지지 않는 사람은 복이 있다"[눅 7:23]는 다소 놀라운 언급과 함께) 제자들의 입을 통해 세례 요한에게 되풀이되었을 것입니다. 그 이야기를 듣고 세례 요한은 마음을 정하고 결단을 내릴 수 있었을 것입니다.

누가복음 7장의 지복(beatitude)은 조금 특이합니다("나에게 걸려 넘어지지 않는 사람은 복이 있다"[눅 7:23]). 예수님께서 말씀하신 다른 지복들(이를테면, "온유한 사람은 복이 있다"[마 5:5]와 같은 지복들은 사실상 선언[서술]에 가깝습니다)과는 달리, 이 지복은 도전을 주는 역할에 더 가깝고 또한 세례 요한이 결국 '복이 있는 사람'이 되었는지 아닌지에 대해 궁금하게 만들기 때문입니다. 세례 요한은 유대 지도자들처럼 예수님의 말씀에 걸려 넘어졌을까요? 아니면 자신의 질문에 대한 참된 답을 얻고, 예수님이 누구이신지를 깨달아 복을 받았을까요? 우리는 알 수 없습니다. 복음서가 예수님의 생애 동안에 일어난 일들과, 예수님이 만난 사람들에 대해 많은 이야기를 전할 때에도, 언제나 '우리' 역시 그 이야기의 배경에 있다는 사실을 기억해야 합니다. 따라서 '세례 요한'이 모든 퍼즐 조각을 모아서 정말로 예수님이 누구이신지를 깨달았는지 여부를 아는 것이 '우리'에게 그렇게 중요한 사안은 아닙니다. 세례 요한이 그동안 자신이 예언해 왔던 대상이 예수님이심을 알게 되었는지 여부도 마찬가지고요. 우리와 상관 있는 사람들은 결국 고대 1세기 사람들이 아니라 현대 21세기 사람들이니까요.

예수님께서는 오늘날 우리에게도 동일한 도전을 던져 주십니다. "눈먼 사람이 다시 보고, 귀먹은 사람이 듣고, 다리 저는 사람이 걷는 … 그 퍼즐 조각들을 한데 모아 그것들이 너희를 어디로 이끄는지 보라"는 도전 말이지요. 하지만 예수님이 어떤 분이셨는지를 이미 아는 우리는, 그보다 한 단계 더 나아가야 합니다. 우리는 예수님이 '오늘날에' 어떤 분이신지를 알아가야 합니다. 이것은 대림절에 우리가 해야 할 또 하나의 기다림이라고 할 수 있습니다. 이 기다림은 우리의 비전을 명확하게 밝혀주고, 우리의 통찰이 더욱 깊어지게 해주며, 우리 가운데서 (전에도 계셨고, 지금도 계시며, 장차 오실) 예수님을 바라볼 수 있게 해줄 것입니다.

✝

내가 너희에게 말하노니, 여자가 낳은 자 중에 요한보다 큰 자가 없도다. 그러나 하나님의 나라에서는 극히 작은 자라도 그보다 크니라(눅 7:28).

더 읽어 볼 본문: 누가복음 7:24-30

세례 요한은 자신이 전하는 메시지를 위해 모든 것을 희생했습니다. 광야에 살면서 평생 동안 그 메시지를 선포하며 세례를 주었습니다. 그러다가 체포되어 이제 감옥에 갇히게 되었고, 이후 그를 기다리고 있는 것은 참수형입니다. 그 모든 일을 했는데도, 예수님께서 세례 요한에 관해 말씀하신 것을 보면, 마치 하나님의 나라에서 차지하는 그의 위치를 깎아내리시는 것 같이 느껴집니다. 세례 요한이 그렇게까지 했는데도 충분하지 않았던 걸까요? 그는 그저 시대와 시대 사이에 끼인 채, 또 지금까지 있었던 일과 장차 일어날 일 사이에 끼인 채, 영원히 바깥쪽에서 안쪽을 들여다 보는 사람이었던 걸까요?

세례 요한에 대해 우리가 알고 있는 것을 모조리 끌어모은다고 해도, 여전히 그는 수수께끼와 같은 인물입니다. 요한복음에서 세례 요한은 예수님을 향해 다음과 같이 말합니다. "그는 흥하여야 하겠고 나는 쇠하여야 하리라"(요 3:30). 그러고 나서 세례 요한은 정말로 쇠하여서 그에 대해 평가를 내리는 일조차 쉽지 않아집니다. 어떤 면에서 그는 예수님의 전조, 즉 예고편과 같았다고 할 수 있습니다. 명확하게 또 겁 없이 메시지를 선포했고, 당시 지도자들을 분개하게 만들었으며 결국 선포한 메시지 때문에 체포되어 죽임을 당했으니까요.

또 어떤 면에서 보면 예수님과 완전히 다른 인물이기도 했습니다. 세례 요한 때문에 분개한 유대 지도자들은 성전 관리들이 아니라(물론 그가 죄의 용서를 선포할 때 성전 관리들도 화가 나기는 했겠지만요), 헤롯 대왕의 아들이자 갈릴리의 통치자였던 헤롯 안디바였으니까요. 안디바는 요한이 자신의 결혼을 비난한 것에 대해 분노했습니다. 하지만 그 비난은 사실 전적으로 정당한 것이었고, 또 그러한 비난을 쏟은 것이 요한만은 아니었을 것입니다. 헤롯 안디바는 이미 결혼을 한 상태에서 헤로디아와 결혼하기 위해서 첫 아내를 버렸습니다. 헤로디아는 안디바의 이복 형제인 아리스토불루스의 딸인데, 그녀 역시 이미 헤롯 안디바의 이복 형제인 빌립과 결혼한 상태였습니다. 안디바와 헤로디아의 결혼은 레위기에 있는 결혼과 관련된 금지령 하나만을 범한 것이 아니라, (몇 안 되는) 금지령 전체를 범한 것이었습니다. 그러니 그 결혼에 대해서 분명 많은 사람들이 비난을 쏟아냈을 것입니다. 하지만 그 일을 비난했다는 이유로 체포된 사람은 우리가 알기로 세례 요한 한 사람뿐입니다.

여기서 세례 요한과 예수님의 차이점이 잘 드러나는데요. 첫째로, 세례 요한은 로마인이나 성전 관리들이 아닌, 헤롯을 화나게 했다는 점입니다. 둘째로, 세례 요한은 그가 한 말 때문에 죽임을 당했지, 그의 정체나 행한 일 때문에 죽은 것은 아니라는 점입니다. 셋째로, 무엇보다도 중요한 차이점은, 세례 요한의 죽음은 그저 그만의 죽음이었지 구원을 베풀고 세상을 변화시키는 사건은 아니었다는 점입니다. 세례 요한은 예수님의 예고편과 같았지만, 그의 죽음은 예수님의 죽음과는 달랐고, 결국 예수님의 죽음이 완전히 다른 죽음임을 강조하는 역할에 그쳤습니다.

그렇다면 누가복음 7:28("내가 너희에게 말하노니 여자가 낳은 자 중에 요한보다 큰 자가 없도다. 그러나 하나님의 나라에서는 극히 작은 자라도 그보다 크니라 하시니")에서 예수님이 세례 요한에 대해 하신 말씀은 어떻게 이해해야 할까요? 우선 눈에 띄는 특징은 예수님께서 "여자가 낳은 자 중에 요한보다 큰 자가 없도다"라고 말씀하시며 그의 위대함을 인정하셨다는 점입니다. 이는 상당히 놀라운 표현입니다. 예수님도 여자에게서 태어나셨는데, 그에게 더 높은 자리를 주신 것이었으니까요. 이는 마치 예수님께서 세례 요한이 구원 역사 전체에 있어서 정점에 이른 사람이었다고 말씀하신 것과 같습니다. 실제로 세상을 향한 하나님의 개입은 세례 요한에 이르러 절정에 이르렀습니다. 그는 광야에서, 하나님이 그 백성에게로 돌아오심을 선포했고 또 그 외치는 소리의 역할을 정말로 충성스럽게 감당했기 때문입니다.

이 부분이 중요합니다. 누가복음 7:28 앞에 있는 구절들을 보면, 예수님께서 사람들에게 광야에 나갔을 때 무엇을 보리라고 기대했느냐고, "바람에 흔들리는 갈대"(눅 7:24)냐고, 아니면 "부드러운 옷 입은 사람"(눅 7:25)이냐고 물으시는데요. 일단 이 두 표현의 의미를 알아야, 왜 나란히 언급된 것인지도 알 수 있습니다. "바람에 흔들리는 갈대"는 광야에서 아주 흔한 것이어서, 어렵지 않게 자주 볼 수 있습니다. 반대로 "부드러운 옷 입은 사람"은 광야에는 전혀 어울리지 않으며, 예수님께서도 말씀하셨듯이, 그런 사람은 왕궁에나 어울립니다. 즉, 세례 요한은 갈대와 같이 흔히 볼 수 있는 사람은 아니지만, 또 그렇다고 그가 지금 ("부드러운 옷 입은 사람"처럼) 전혀 어울리지 않는 곳에 있는 것도 아니란 이야기입니다. 세례 요한은 독특한 사람이었지만 동시에 그가 있어야 할 자리에 있었습니다. 그곳에서 그는 하나님께서 세상을 향해 가장 선포하기를 원하셨던 메시지를 선포했습니다. 그 메시지는 곧 사람들이 그들 가운데 임할 하나님의 임재를 준비해야 한다는 것이었습니다. 세례 요한은 자신의 소명―하나님께서 전에 없는 위대한 방식으로 세상에 개입하실 것을 대비하고 예비하는 소명―을 완수했고, 그러한 의미에서 분명 '가장 큰 자'였습니다.

그러면 왜 그가 하나님의 나라에서는 가장 작은 자일까요? 부당하지 않습니까? 이것이 우리에게는 상당히 부당한 것처럼 보이지만, 사실 여기서 예수님은 초점을 하나님의 나라의 가치 체계로 돌리고 계실 뿐이라는 것과, 또한 이미 다른 곳에서도 수차례 가르치셨던 말씀을 재차 하고 계실 뿐이라는 것을 알아야 합니다. 예수님께서 가르치신 하나님의 나라는 역설적이며 순서가 뒤바뀌는 가치 체계를 가진 곳입니다. 다시 말해, 가장 큰 자가 가장 작아지고, 가장 작은 자가 가장 커지며, 먼저 된 자가 나중 되고 나중 된 자가 먼저 되는 체계를 가진 곳이죠. 세례 요한은 그의 소명을 온전히 완수하였기에 실로 가장 위대한 사람이었지만, 그것이 하나님의 나라에서까지 존경받을 이유는 되지 못합니다. 하나님의 나라에서 큰 자는 쫓겨난 사람들, 창녀들, 사회에서 멸시당하는 사람들이기 때문입니다. 물론 이것이 세례 요한이 하나님의 나라 바깥에 있다는 말은 아닙니다. 그저 그도 하나님의 나라에서 그에게 맞는 자리를 차지할 것이라는 말이지요.

예수님께서 말씀하신 나라의 체계, 즉 위아래가 뒤바뀌는 가치 체계는 그리스도인들이 오랫동안 어려움을 겪은 사안 중 하나입니다. 인간의 본성을 너무도 거스르는 흐름이기 때문에, 우리는 그 가치 체계를 이해하려고 무던히도 애를 씁니다. 심지어 그 나라에서는 위아래가 뒤바뀐다는 개념을 머리로는 이해할 때조차, 감정은 그 이해를 따라가지 못합니다. 너무도 부당해 보이고, 또 너무도 무질서해 보이기 때문입니다. 그 체계가 우리에게 적용되어 우리가 그 나라에서 보다 높은 자리로 올라가지 않는 한 말이지요.

예수님께서 가르치신 가치 체계는 우리가 계속해서 붙잡고 싸워야 하는 어려운 과제와 같습니다. 예수님의 가르침 속에 이 체계가 두루 퍼져 있기 때문에, 그것이 빠진다면 예수님의 가르침도 완전히 달라지게 됩니다. 아마도 가장 큰 어려움은 그 가치 체계를 감정적으로 받아들이는 일이 아니라, 실제적으로 받아들이는 일일 것입니다. 다시 말해, 그러한 가치 체계를 중심으로 우리 삶과 기독교 공동체를 세우는 일이 아마도 우리에게 주어진 가장 큰 과제일 것입니다.

묵상 마무리

세례 요한은 그 일생이 '예비하라'는 선포로의 부르심으로 채워진 독특한 인물입니다. 그가 보여준 독특한 형태의 기다림은 차마 수동적이라고 말하기가 어렵습니다. 그 기다림은 불안과 동요를 일으켰고 심지어 그를 죽음에까지 이르게 했으니까요. 그러나 그의 기다림은 예수님의 사역에 있어서 반드시 필요한 기다림이었습니다. 세례 요한의 기다림은 지금까지 우리가 살펴본 기다림 안에 또 다른 특성을 더해줍니다. 아브라함의 기다림은 신실함과 신뢰를 바탕으로 하는 기다림이었고, 선지자들의 기다림은 시간의 중첩을 받아들이는 기다림이었습니다. 반면에 세례 요한의 기다림은 변화와 관련이 있습니다. 그 변화는 곧 기다림의 대상이 되는 인물과 사건을 맞이하도록 사람들을 준비시키고, 그러한 준비를 통해 실제로 그 일이 일어나도록 돕는 것을 뜻합니다.

이번 장을 시작하면서, 저는 세례 요한의 사역을 돌아보면 가슴이 아프다는 언급과 함께 그가 시대와 시대 사이에 낀 자신의 역할을 어느 정도 알고 있었을지에 대해 질문을 던졌습니다. 물론 여전히 알 수 없습니다. 복음서 저자들이 세례 요한의 자아 인식과 상황 파악에 관해서 그다지 많은 이야기를 하지 않으니까요. 그럼에도 한 가지 분명해진 것은, (새로운 이삭, 삼손, 사무엘, 엘리야 같은 인물로서) 세례 요한이 보여준 시대와 시대 사이의 기다림이, 예수님의 생애와 사역을 위한 기반이 되었다는 점입니다. 세례 요한은 자신이 선포한 회개/방향 재조정을 실천했습니다. 우리도 그가 선포한 회개/방향 재조정을 실천하기 위해서, 예수님의 자리를 마련하기 위해서, 우리 삶의 중심에 있는 우리 자신을 바깥으로 밀어내야 합니다. 자신의 삶과 죽음을 통해서 이를 보여준 세례 요한은 표지와도 같습니다. 우리도 그와 똑같이 해야한다는 표지말이지요.

여자들과 예수의 어머니 마리아와 예수의 아우들과

더불어 마음을 같이하여 오로지 기도에 힘쓰더라(행 1:14)

4장 마리아
평생의 기다림

들어가며

임신 막달은 긍정적인 감정과 부정적인 감정이 뒤엉키는 시기이자, 기다림이 끝나가는 시기입니다. 오랫동안 간절히 바라던 일이 목전에 와 있습니다. 이제 곧 아홉 달 동안 차곡차곡 쌓인 꿈과 소망이 성취됩니다. 하지만 그 성취를 위해서는 해산의 수고와 고통을 거쳐야만 합니다. 미래는 (아기가 곧 태어날 것이라는 점에서) 알려져 있기도 하고, (남아일지 여아일지 또 어떻게 생겼을지 모른다는 점에서) 알려져 있지 않기도 하므로, 설렘과 두려움, 희망과 불안이 뒤섞입니다. 영아와 산모의 사망률이 높은 곳이라면 그러한 감정이 더 강렬해집니다. 예전이나 지금이나 많은 예비 엄마들이 그러하듯이, 마리아 역시 긍정적인 마음과 용기로 두려움에 맞서며 기다림의 기간을 끝내야 합니다.

대림절 마지막 주는 마리아와 함께 기다리는 것이 바람직합니다. 마리아는 대림절 화환 네 번째 양초와 연결되는데요. 우리는 마리아가 예수님의 탄생을 기대하며 보여준 기다림뿐만 아니라, 예수님의 생애 전체와 그 이후 시간에까지 보여준 기다림을 기억해야 합니다. 예비 부모라 하더라도, 아이가 세상에 태어나기 전까지는 온전히 이해할 수 없는 감정들—즐거움, 불안함, 환희, 죄책감, 기쁨, 두려움—이 있습니다. 이러한 감정들이 뒤섞인 일들은 세월이 흐를수록 오히려 더 강해지는데요. 마리아 역시 "(당신의)말씀대로 내게 이루어지이다"(눅 1:38)라고 상황을 받아들이긴 했지만(그때는 아이가 태어나기 전이었고), 실제로 이후 상황을 보면 그녀가 예상한 것보다 훨씬 더 많은 일들이 뒤따릅니다. 그 일들을 겪으며 마리아는 기다려야 했고 이제 우리도 그녀와 함께 기다려야 합니다.

✝

기뻐하여라 은혜를 입은 자야 주님께서 그대와 함께 하신다. 마리아는 그 말을 듣고 몹시 놀라 도대체 그 인사말이 무슨 뜻일까 하고 궁금히 여겼다. … 마리아가 말하였다. 보십시오, 나는 주님의 여종입니다. 당신의 말씀대로 나에게 이루어지기를 바랍니다(눅 1:28-29, 38, 새번역).

더 읽어 볼 본문: 누가복음 1:26-38

가브리엘이 나타나 "너는 곧 임신하게 될 것이다"라는 메시지를 전할 때, 우리라면 어떻게 대답했을까요? 마리아는 "그렇군요, 알겠습니다"라는 식으로 대답했지만, 저라면 버릇없는 말로 계속해서 따졌을 것입니다. 어쩌면 이 이야기는 축약된 버전일지도 모릅니다. "어떻게 이런 일이 있겠습니까?"(눅 1:34)와, "나는 주님의 여종입니다"(눅 1:38) 사이에는 사실울고불고 소리 지르며 화를 낸 일이 숨겨져 있을지도 모른다는 말입니다. 이렇게 청천벽력 같은 메시지는 이해하기가 쉽지 않습니다. 마리아와 요셉이 약혼만 하고 아직 결혼은 하지 않았다고 한다면, 아마도 마리아의 나이는 십대 초반이었을 것입니다. 1세기 유대 사회는 혼외 임신을 끔찍한 일로 여겼으므로─돌로 치는 일은 아주 드물게 일어났으므로 마리아가 돌에 맞을 가능성은 그다지 없지만─원래대로라면 아마 사회에서 쫓겨나고 그 명예도 바닥을 쳤을 것입니다.

그렇다면 마리아는 어떻게 "당신의 말씀대로 나에게 이루어지기를 바랍니다"(눅 1:38)라고 말할 수 있었을까요? 천사의 메시지를 어쩌면 그렇게도 침착하게 받아들일 수 있었을까요? 이야기를 좀 더 꼼꼼히 읽어보면, 처음에 마리아는 가브리엘의 말에 상당히 고심한 것을 알 수 있습니다. 한 가지 흥미로운 점은 마리아가 메시지의 내용을 알게 되었을 때보다 오히려 천사가 처음 인사를 건넸을 때 더 당황한 것처럼 보인다는 점입니다. NRSV의 번역에 따르면, 가브리엘이 처음 인사를 건넨 후에 마리아는 그 인사말에 '당혹스러워했고' 그 인사말이 무슨 뜻인지를 '곰곰이 생각했습니다'. 반면 NIV는 마리아가 상당히 '근심하고' 또 '놀라워했다'고 번역합니다. NJB(New Jerusalem Bible, 예루살렘성서대학[École Biblique] 학자들이 번역 - 역주)의 경우에는 마리아가 '아주 혼란스러워서' 그 인사말이 무엇인지 '스스로에게 물어보았다'고 말합니다.

NRSV가 마리아의 감정을 축소하기는 했지만, 그렇다고 다른 역본들이 사용한 단어들이 마리아의 불안감을 정확하게 전달한 것은 아닙니다. 그리스어 디에타라크테(*dietarachtē*)는 '심히 불안한 감정'을 뜻하고, 디엘로기제토(*dielogizeto*)는 '곰곰이 생각했다'나 '놀라워했다'뿐만 아니라 '논쟁했다'는 의미도 갖고 있습니다. 여기에 디엘로기제토가 미완료 시제라는 사실을 덧붙여야 합니다. 미완료 시제는 지속적인 행동을 의미합니다. 따라서 마리아는 그저 "궁금하지만 … 괜찮으니까 신경 쓰지 마세요" 정도로 말한 것이 아닙니다. 궁금해하고, 곰곰이 생각하고, 논쟁하는 상태가 한동안 계속된 것입니다. 즉, 가브리엘이 나타남으로 인하여 살짝 이맛살을 찡그리거나, 머리에 조그마한 물음표가 뜬 정도가 아니었다는 말입니다. 마리아는 깜짝 놀라고, 혼란스럽고, 불안하고, 초조해하며, 근심했던 것으로 (또 그와 비슷한 여러 감정 상태였던 것으로) 보입니다.

마리아가 무엇 때문에 그렇게나 심란해했는지 궁금해하지 않을 수 없는데요. 그 답은 가브리엘의 화려한 인사말 어딘가에 숨겨져 있습니다. 이 인사말은 세 부분으로 나누어집니다.

✽ "평안할지어다" 혹은 "기뻐하여라"(카이레[*chaire*]) – 단어 사용이 약간 특이하기는 하지만(더 뜻이 분명한 단어를 선택할 수도 있었습니다), 이 동사는 마리아가 특별한 은혜나 특권을 받으리라는 의미를 함께 전달합니다.

✽ "은혜를 입은 자야" 혹은 "사랑스러운 자야" – 이 동사(케카리토메네[*kecharitomene*])는 사실상 인사말에 쓰인 단어(카이레)와 연결되어, 마리아의 신분—하나님께 복을 받은 자—을 재차 강조합니다.

✽ "주님께서 그대와 함께 하신다" – 하나님의 (압도적이고 강렬한) 임재에 대한 이 약속은, 가브리엘이 마리아에게 전한 메시지가 어려운 일이 되리란 것을 가리킵니다. 하나님의 임재의 역동적 능력이 마리아의 인생에 깊이 영향을 미칠 수밖에 없다는 뜻입니다.

가브리엘의 인사말을 들으면 고대 중국 속담인 "흥미로운 시간 속에 살아가시기를!"이 떠오르는데요. 그 속담은 저주로 보일 수도 있고 축복으로 보일 수도 있기 때문입니다. 마찬가지로 가브리엘의 인사말은 좋아 보이기도 하고 또 나빠 보이기도 합니다. 하나님의 은혜를 받는다는 것, 특히 사랑을 받고 하나님의 임재를 누린다는 것은 곧 마리아의 인생이 송두리째 뒤바뀌게 된다는 것을 의미할 뿐이었으니까요. 마리아가 그 인사말에 동요한 것은 당연한 반응이었습니다.

여러 주석가들이 알아차렸듯이, 마리아에게 쓰인 이 표현은 사사기 6:12에 기록된 기드온의 부르심과 연결됩니다. 이 사사기 본문을 보면 천사가 나타나서 "여호와께서 너와 함께 계시도다"(삿 6:12)라고 약속하고 또 기드온을 "큰 용사"라고 선언합니다. 다시 말해, **장차** 큰 용사가 될 기드온에게, **현재** 시간에 큰 용사라고 선언하고 있습니다. 마찬가지로 누가복음에서는 천사가 마리아에게 나타나서, 주님께서 그녀와 함께하신다고 약속하고 그녀가 하나님의 은혜를 받았다고 선언합니다. 조금 다르게 표현하자면, 예수님이 태어나시면 마리아는 큰 은혜를 받게 될 것입니다. 이처럼 마리아가 천사의 인사말에 크게 난처해한 까닭은, 그 인사말이 기드온을 부르실 때와 같은 부르심이라는 것을, 따라서 감당하기 힘든 도전을 뜻하는 것임을 알았기 때문일 것입니다.

흔히 마리아가 받은 수태고지를 소명보다는 일종의 선언으로 이해하곤 하지만, 더 자세히 살펴보면 이 수태고지가 정확히 무엇인지 알 수 있습니다. 히브리성경 안에서 많은 사사들과 선지자들이 부르심을 받은 방식으로, 마리아 역시 엄청나게 큰 임무로 부르심을 받고 있습니다. 마리아는 처음에는 두려워하다가 곧 당황하게 되고("어떻게 이런 일이 있겠습니까?"[눅 1:34]), 그러고 나서는 상황을 받아들이게 됩니다("당신의 말씀대로 나에게 이루어지기를 바랍니다"[눅 1:38]). 마리아가 이 시점에서 그녀의 소명이 가진 의미, 즉 그녀가 세상을 변화시키게 될 것이라는 점을 비록 온전히 이해하지는 못했지만, 우리라고 해서 달랐을까요? 우리를 부르시는 하나님에게 조심스럽게 "네"라고 대답할 때조차, 그 의미를 온전히 이해하고 대답하는 사람은 거의 없습니다. 하지만 적어도 마리아는 그 소명을 받아들일 경우 당장에 개인적인 수치를 겪게 되거나, 혹은 지역사회에서 쫓겨나게 되리란 것을 알고 있었을 것입니다. 그럼에도 "네"라고 대답한 것은 분명 존경할 만한 모습입니다.

마리아의 소명과 관련해서 중요한 점 중 하나는, 그녀가 하나님의 은혜를 입는 일을 받아들이면서도 또한 그 일을 두렵게 생각했다는 것입니다. 하나님으로부터 사랑을 받는 일은 정말로 멋진 일이지만, 거기에는 우리의 상상을 뛰어넘는 도전들이 뒤따릅니다. 제가 보기에 마리아는 하나님께서 자신을 선택하셨다는 메시지가, 자신을 선택하신 이유보다도 훨씬 더 두려운 일이라는 점을 제대로 파악한 것 같습니다.

✝

그 무렵에 마리아가 일어나 서둘러 유대 산골에 있는 한 동네로 가서 사가랴의 집에 들어가 엘리사벳에게 문안하였다. … 마리아가 말하였다. 내 영혼이 주님을 찬양하며 내 마음이 내 구주 하나님을 좋아함은 … (눅 1:39-40, 46-47, 새번역).

더 읽어 볼 본문: 누가복음 1:39-56

가브리엘이 떠나자, 마리아는 가만히 있을 수가 없었습니다. 요즘 십 대라면 틀림없이 전화기를 들고 문자 메시지를 보냈을 것입니다. 혹 20년 전 십 대라면 집 전화기를 들고 통화를 했을 것이고, 50년 전 십 대라면 편지를 썼을 것입니다. 마리아는 당시 유일하게 가능한 연락 방법을 택했습니다. 자리에서 일어나 친척 엘리사벳과 사가랴가 살고 있는 유대 산골로 서둘러 가는 것이었습니다. 왜 하필 그 부부에게 갔을까요? 자신이 방금 들은 기적적인 메시지를 그들이라면 이해할 수 있을 것이라고 생각했기 때문입니다.

마리아와 엘리사벳이 만난 덕분에 누가는 아주 멀리 떨어져 있는 그 두 사람을 기적적인 임신에 관한 이야기로 한데 묶을 수 있었습니다. 세례 요한과 예수님은 모두 불가능한 상황에서 임신이 되었습니다. 세례 요한의 경우 어머니가 너무 나이가 많았던 데다가 또 불임이었고, 반대로 예수님의 경우 어머니가 너무 어렸던 데다가 처녀였으니까요. 한 아이는 오랫동안 간절히 바라던 아이였지만, 다른 아이는 한 번도 생각조차 해 본 적이 없는 아이였습니다. 한 여인에게 임신은 복된 일이요, 아이가 없다고 자신을 무시하던 사회에 다시 들어간다는 표시였지만, 다른 여인에게 임신은 결코 복된 일이 아니었고, 오히려 혼외자를 낳았다는 이유로 사회에서 배척을 당하는 위험스러운 일이었습니다. 마리아와 엘리사벳은 서로를 인식함으로 상대방의 존재 자체에서 힘을 얻었고, 그렇게 두 사람 사이에 있던 깊고 넓은 틈에 다리가 놓였습니다.

가브리엘의 메시지를 듣고 마리아가 보인 반응("당신의 말씀대로 나에게 이루어지기를 바랍니다"[눅 1:38])과, 마리아가 하나님을 찬양하며 노래를 부른 일("내 영혼이 주를 찬양하며"[눅 1:46]) 사이에는 눈에 띄는 차이가 있는데요. 위에서 살펴봤듯이, 마리아가 놀라울 정도로 침착하게 가브리엘의 메시지를 받아들인 것은 맞지만, 사실 그 반응은 다소 소극적이었습니다. 아마도 심호흡 소리, 침을 꿀꺽 삼키는 소리, 또 요즘 표현으로 말하자면 주눅이 들어서 "아, 네 … 그렇군요"와 같은 목소리를 냈을 것입니다. 하지만 이후 기쁨이 넘쳐 부르는 마리아의 찬양은 정말로 달랐습니다. 그러면 마리아는 어떻게 앞선 소극적인 반응에서 이후 적극적인 반응으로, 용기를 짜내어 인정하는 자리에서 기쁨에 가득 차 찬양하는 자리로 옮겨갈 수 있었을까요?

분명 시간이 그 답일 것입니다. 마리아는 조금씩 상황을 받아들였고, 자신에게 일어난 일을 깊이 헤아렸을 것입니다. 그렇지만 분명 다른 요인도 있었을 것입니다. 첫째로, 지금 마리아는 자신이 잘 알고 또 사랑하는 사람과 함께 있습니다. 믿을 만한 사람이 함께 있으니 마음이 놓이고, 처음에는 그저 용기를 짜내어 순종했지만 나중에는 그 순종을 찬양으로 꽃피워 낼 수 있었던 것입니다. 둘째로, 마리아는 지금 자신의 개인적인 경험을 이해해 주는 사람과 함께 있습니다. 엘리사벳 역시 (상황은 다르지만) 마리아처럼 기적적으로 임신했습니다. 엘리사벳은 그녀의 아기가 마리아를 알아보고 태동하자, "주께서 하신 말씀이 반드시 이루어지리라고 믿은 그 여자에게 복이 있도다"(눅 1:45)라고 외치며 마리아를 축복합니다. 이 말씀이 물론 먼저는 마리아에게 해당되지만, 동일하게 엘리사벳에게도 적용되기 때문에 두 사람의 경험은 서로 연결됩니다.

마리아의 노래(눅 1:46-55)는 성경에서 가장 강렬한 찬양 중 하나입니다. 그 노래는 역전의 개념("권세 있는 자를 그 위에서 내리치셨으며 비천한 자를 높이셨고"[눅 1:52])뿐만 아니라 시적(詩的) 아름다움과 순전한 기쁨도 담고 있어서, 여러 세기 동안 교회에서 즐겨 부르는 찬양이 되었습니다. 마리아의 노래 안에 히브리성경을 암시하는 내용들이 뒤섞여 있다는 점은 널리 인정되고 있습니다. 그중에서도 가장 눈에 띄는 내용은 사무엘상 2장에 있는 한나의 노래입니다. 이를테면, "내 마음이 여호와로 말미암아 즐거워하며 내 힘(뿔[개역개정])이 여호와로 말미암아 높아졌으며"(삼상 2:1)와 같은 구절이나, "여호와는 가난하게도 하시고 부하게도 하시며, 낮추기도 하시고 높이기도 하시는도다. 가난한 자를 진토에서 일으키시며, 빈궁한 자를 거름더미에서 올리사 귀족들과 함께 앉게 하시며, 영광의 자리를 차지하게 하시는도다"(삼상 2:7-8)와 같은 구절이 마리아의 노래 속에서 엿보입니다. 이외에도 한나가 오랫동안 기다려온 아들을 성전에 두고 온 뒤에 노래를 불렀다는 점은, 한나의 노래와 마리아의 노래를 한층 더 분명하게 연결시킵니다. 물론 마리아의 노래는 시편과도 연결됩니다. 마리아가 과거에 하나님이 행하신 일을 떠올리고, 하나님이 세상 가운데 하신 일을 찬양한다는 점에서, 또 단수형("내 영혼"[눅 1:46] "내 마음"[눅 1:47])과 집합형("자기의 종 이스라엘을 도우셨습니다"[눅 1:54]) 사이를 자유롭게 오고간다는 점에서 그녀의 노래는 분명 시편과도 연결되고 있습니다.

마리아의 노래는 히브리 전통의 뿌리에 근거를 두고 있으며, 과거에 이스라엘을 구원하신 하나님께서 다시 구원을 행하고 계심을 보여줍니다. 그래서 아직도 예수님의 기적적인 임신이 의미하는 바를 깨닫지 못한 이들에게, 마리아의 노래는 그 뿌리를 보게 만듭니다. 마리아의 노래를 통해 우리는 하나님께서, 아브라함에게 하신 약속을 성취하고 계시며(우리는 이책을 아브라함과 함께 시작했습니다), 또 약속하신 대로 이스라엘을 돕고 계시는 것을 보게 됩니다. 사실상 누가는 마리아를 신약의 첫 시인 신학자로 묘사하는데요. 마리아는 세상에서 자신을 중심으로 일어나는 일들을 보며, 그 일들을 서로 연결하고, 깊은 신앙적 뿌리를 통해 아름다운 찬양으로 승화시킵니다.

이 찬양은 마리아가 천사에게 들은 메시지를 묵상하고, 그것을 차차 받아들인데서, 또 엘리사벳의 사랑 그리고 그녀와의 공동의 경험을 통한 깊어진 통찰에서 나온 신학 작품입니다. 여기서 마리아는 우리가 마음을 가다듬고 기다릴 때 어떠한 결과가 나오는지를 보여줍니다. 물론 누구나 마리아의 노래처럼 영감이 넘치며 아름다운 결과를 기대할 수 있는 것은 아닙니다. 하지만 적어도 우리 역시 어떤 식으로든지 우리와 하나님의 관계를 말로 표현해야 합니다. 만일 나만의 언어로 표현하기 어렵다면, 마리아의 찬양을 활용해도 되겠지요.

†

시므온이 그들에게 축복하고 그의 어머니 마리아에게 말하여 이르되, 보라 이는 이스라엘 중 많은 사람을 패하거나 흥하게 하며 비방을 받는 표적이 되기 위하여 세움을 받았고 또 칼이 네 마음을 찌르듯 하리니 이는 여러 사람의 마음의 생각을 드러내려 함이니라 하더라(눅 2:34-35).

더 읽어 볼 본문: 누가복음 2:21-38

누가가 '곰곰이 생각하다'(ponder)라는 단어를 선호한다는 생각이 드는 것도 당연합니다. NRSV를 보면 마리아는 가브리엘이 인사말을 건넨 후에 곰곰이 생각했고("도대체 그 인사말이 무엇일까 하고 곰곰이 생각했다"[눅 1:29]), 유대 산골 사람들은 세례 요한이 태어난 후 곰곰이 생각했으며("이 소식을 들은 사람들은 곰곰이 생각하고 말했다"[눅 1:66]), 또 마리아는 양치는 목자들이 다녀간 후에 다시 곰곰이 생각했습니다("마리아는 이 모든 말을 고이 간직하고, 마음 속에 곰곰이 생각했다"[눅 2:19]). 하지만 이를 더 자세히 살펴보면 알 수 있는 사실은, '곰곰이 생각하다'라는 단어는 NRSV를 번역한 사람들이 선호한 단어이지, 누가가 선호한 단어가 아니라는 것입니다. 사실 누가가 사용한 그리스어는 각각 다르기 때문입니다. 그럼에도 불구하고, 누가가 묘사하는 마리아가 깊이 생각하고 헤아리는 사람인 것은 분명합니다.

그렇다면 마리아는 시므온에게 들은 말(눅 2:34-35)을 어떻게 이해했을까요? 기독교 전통은 다소 골치 아픈 시므온의 말보다는, 시적인 **눈크 디미티스**(Nunc Dimittis, 눈크 디미티스는 시므온의 찬양[눅 2:28-32]을 가리킵니다. 즉, 그 찬양의 라틴어 첫 마디입니다 - 역주)에 훨씬 더 많은 관심을 기울여 왔습니다. 많은 사람들이 생각하듯이, 정말로 시므온이 제사장이었다면, 시므온의 찬양은 곧 제사장의 축복이 되고, 그렇다면 성전에서 한나가 엘리에게 들은 말과도 긴밀하게 연결됩니다. "엘리가 엘가나와 그의 아내에게 축복하여 이르되 여호와께서 이 여인으로 말미암아 네게 다른 후사를 주사 이가 여호와께 간구하여 얻어 바친 아들을 대신하게 하시기를 원하노라 하였더니"(삼상 2:20). 그런데 만일 시므온의 찬양이 엘리의 말과 동일 선상에 있는 것이라고 한다면, 사실 엘리의 말은 그렇게 큰 축복은 아니었기 때문에 전체적으로 조금 어색해 보이는 것도 사실입니다.

누가복음 2:34-35에 기록된 시므온의 말은 사실 이사야

8:14-15과 더욱 유사합니다. "그는 성소도 되시지만, 이스라엘의 두 집안에게는 거치는 돌도 되시고 걸리는 바위도 되시며, 예루살렘 주민에게는 함정과 올가미도 되신다. 많은 사람이 거기에 걸려서 넘어지고 다치며, 덫에 걸리듯이 걸리고 사로잡힐 것이다"(사 8:14-15[새번역]). 이사야의 예언 속에서 하나님께서 하신 역할을 예수님도 하게 됩니다. 예수님으로 인하여 누군가는 넘어지고 누군가는 일어서게 됩니다. 대중적인 기대와는 반대로, '오실 그분'은 이스라엘에 분열을 일으키실 것이며, 그분을 받아들이는 사람들과 그렇지 않은 사람들로 나뉘게 될 것입니다. 그분을 통해 사람들은 진짜 본성을 드러내게 되는데, 특히 그분을 반대하는 자들은 자기들이 어떠한 사람인지를 스스로 드러내게 될 것입니다.

그렇다면 시므온의 말은 심오한 진리를 전달하는 '축복'이라고 할 수 있습니다. 우리 모두가 잘 알듯이 진실하지 않은 축복, 그저 '기분만 좋게 하는' 축복은 아무런 가치가 없습니다. 시므온의 축복은 그 아기가 장차 어떠한 사람이 될지에 관하여 진실하게 표현한 것이며, 그러한 축복은 상투적인 축복들보다 훨씬 더 강력한 축복이 됩니다. 예수님의 사역 가운데 등장한 많은 사람들과는 달리, 시므온은 오랫동안 기다려온 그분이 곧 예수님이심을 알았을 뿐만 아니라, 예수님이 사람들의 기대와는 다른 분이 되리란 것도 알았습니다. 시므온은 예수님께서 특별한 형태로 구원을 베푸실 것이라는 점과, 모든 사람이 그 구원을 받아들일 수는 없기 때문에 자연스레 분열과 불화가 일어날 것이라는 점을 알고 있었습니다.

시므온과 (몇 절 뒤에 나오는) 안나와 관련하여 한 가지 놀라운 점은, 많은 사람들이 오고가며 북적거리는 것이 일상인 성전에서, 아주 작은 아기 하나가 온 것을 알아차리고, 더 나아가 그 아기가 누구인지를 알아차렸다는 사실입니다. 두 사람은 능숙하고도 명민한 기다림에 어떠한 힘이 있는지를 상징적으로 보여줍니다. 성전에 있는 많은 사람들 중에서 오직 이 두 사람만 그 작은 아기가 누구인지를 알아봤습니다. 그리고 (누가복음 1장의) 마리아처럼 하나님을 찬양하는 노래를 불렀습니다.

이제 우리는 시므온의 '축복'에서 마지막을 차지하는 부분이자, 가장 어려운 부분을 살펴봐야 합니다. 시므온의 축복은 예수님의 미래를 그저 추상적인 차원에서 언급하는 수준이 아니었습니다. 그 축복은 실제적인 결과들로 이어졌습니다. (요한복음에 나오는 십자가 처형 장면을 예외로 받아들인다면) 복음서 중에 이 지점이 유일하게 예수님이 (사역의 결과로) 치르시는 대가—사람들이 가진 진짜 모습을 드러내는 존재가 될 때 치러야 하는 대가—를 마리아가 인지하는 곳입니다. 우리는 이 이야기가 어떻게 끝나는지 알기 때문에, 시므온의 축복에 담긴 이 의미를 확실하게 알 수 있습니다. 예수님께서 "반대(비방[개역개정])를 받는 표적"(눅 2:34)이 되신 결과는 곧 죽음이었습니다. 이 표적을 반대하는 자들은 그 반대를 위해서라면 무슨 일이든 저질렀고, 결국 마리아는 영혼이 칼에 찔리듯이 큰 아픔을 겪게 됩니다(눅 2:35).

따라서 마리아의 기다림은 끝나지 않습니다. 마리아의 임신은 분만의 진통으로 이어졌지만, 시므온의 축복은 마리아의 고통은 이제 막 시작했을 뿐이라고 말합니다. 마리아는 가장 힘겨운 기다림, 고통에 대한 기다림을 받아들여야 합니다. 아브라함의 기다림의 경우에는 (오래 걸리기는 했지만) 하나님의 약속의 성취를 향한 기다림이었습니다. 반면, 마리아의 기다림은 완전히 차원이 다른 기다림이며, 내면의 강인함이 필요한 기다림입니다. 시므온의 축복은 누구나 두려워할 만한 기다림을 마리아에게 전해주었습니다. 그 시점에서 마리아가 그 말의 의미를 깨달았는지, 혹 깨달았다면 어떻게 대응했는지는 알 수 없습니다. 하지만 아마도 마리아는 그러한 힘겨움을 안고 살아가는 가운데 기다림에 대한 깊고 심오한 교훈을 터득했을 것입니다. 우리가 가장 두려워하는 기다림을 견디려면, (다른 기다림들의 수준을 넘어서는) 그러한 깊이와 심오함이 필요합니다. 그리고 그러한 기다림 속에서 괴로워할 때 우리는 우리 곁에 머무시며 말없이 품어 주시는 하나님의 임재를 더욱 자주 체험하게 됩니다. (쉽게 빠져나올 수 없는) 그러한 기다림 속에서 우리는 하나님이 줄곧 함께 계셨음을 발견합니다.

✝

그때에 예수의 어머니와 동생들이 찾아와 바깥에 서서 사람을 들여보내어 예수를 불렀다. 무리가 예수의 주위에 둘러앉아 있다가 그에게 말하였다. 보십시오, 선생님의 어머니와 동생들과 누이들이 바깥에서 선생님을 찾고 있습니다. 예수께서 그들에게 대답하셨다. 누가 내 어머니이며 내 형제들이냐? 그리고 주위에 둘러앉은 사람들을 둘러보시고 말씀하셨다. 보아라, 내 어머니와 내 형제자매들이다. 누구든지 하나님의 뜻을 행하는 사람이 곧 내 형제요 자매요 어머니다(막 3:31-35, 새번역).

더 읽어 볼 본문: 마가복음 3:20-35

십 대들은 종종 자신의 가족이 진짜 가족이 아니기를 꿈꿉니다. 어느 날 부자이면서 멋진, 또 (가장 중요하게는) 부끄럽지 않은 진짜 가족이 나타나서 호화롭고 부유하고 화목한 가족의 품으로, 밝고 근사한 미래로 자기들을 데려가길 꿈꿉니다. 하지만 지금 예수님이 그와 같은 꿈을 꾸고 계신 것은 아닙니다. 누가 그런 제자들을 호화롭고 부유하며 화목한 가족으로 여길 수 있겠습니까? 예수님의 말씀은 그러한 꿈보다 훨씬 더 도전적인 말씀이며, 시므온이 마리아에게 예언한 것처럼 마음을 찌르는 일과 관련이 있습니다. 십자가형을 바라보는 것이 마리아의 "마음을 찌르는 일"의 절정이었겠지만, 십자가형만 마리아의 마음을 찌른 것은 아니었습니다. 성전에서 예수님을 잃어버렸을 때(눅 2:46)와, 예수님의 가족으로서 누릴 수 있었던 권리를 거부당했을 때(마 12:46-49; 막 3:31-34; 눅 8:19-21)에도, 시므온이 예언한 수준까지는 아니더라도, 상당한 아픔을 느꼈을 것입니다.

이 마가복음 이야기의 초반부에 묘사된 사건들은 다른 복음서에는 나오지 않습니다. 이야기의 나머지 부분, 곧 예수님께서 자신의 가족의 경계를 다시 정하시는 내용은 마태복음(마 12:50)과 누가복음(눅 8:21)에서도 볼 수 있지만요. 물론 마태와 누가의 기록이 그러한 내용을 둘러싼 상황을 좀 더 자세히 설명해주기도 합니다. 마가는 이 일화를 예수님의 공생애 초기, 즉 예수님께서 열두 제자를 선택하신 직후에 소개합니다. 식사를 하기 어려울 정도로 많은 이들이 몰려든 상황이 되었습니다. "예수가 미쳤다"는 소문이 날 정도로 혼잡한 상황이 되자, 예수님의 가족이 그분을 찾아 온 것입니다(막 3:21). 그러자 예수님은 모인 무리에게 자신이 귀신들을 쫓아내고 있으므로 '귀신의 왕인 바알세불'일 수는 없음을 지적하시고, 그러고 나서 가족에 관한 말씀을 전하십니다. 만일 마가가 그 맥락을 올바로 이해하고 배치한 것이라면, 그것은 곧 마리아와 예수님의 형제들은, 예수님의 그 말씀을 이해하지 못했을 것이라는 의미가 됩니다. 즉, 마리아가 가진 아들에 대한 이해가, 더 이상 다른 사람들보다 나을 것이 없게 되었다는 것이죠. 실제로 누가복음, 특히 성전에서 예수님이 선생들의 말을 듣는 장면을 보면(눅 2:41-51), 어쩌면 마리아는 자신의 아들을 한 번도 제대로 이해한 적이 없었을 수도 있다는 생각이 듭니다.

부모로서 받아들이기 무척이나 힘든 점이면서 동시에 (비록 마리아가 받아들여야 했던 정도까지는 아니더라도) 모든 부모가 인정하고 받아들여야 하는 것은 곧, 부모는 아이를 이해하지 못한다는 점입니다. 부모는 자녀를 온전히 다 이해할 수 없으며, 실제로 자녀는 부모가 이해할 수 없는 일들을 하거나 겪게 됩니다. 그래서 부모가 된다는 것은 마치 아이가 태어나서 성년이 될 때까지 기나긴 이별 여행을 하는 것과 같습니다. 물론 마리아가 십자가 아래에서 아들을 완전히 놓아준 일은 아주 이례적인 경우입니다. 다른 이들에게 적용될 수 있는 일은 아니지요.

(가족에 관한) 예수님의 말씀은, 예수님께는 인간적인 유대를 넘어서는 가족이 있음을 마리아뿐 아니라 우리에게도 상기시킵니다. 마태의 이야기는 이 점을 마가보다 더욱 강조합니다 (마 12:46-50). 거기서 예수님은 "하늘에 계신 내 아버지"의 뜻대로 하는 자가 가족이라고 말씀하십니다(마 12:50). 하늘의 가족의 유대가 새롭게 생기는 과정에서 인간 가족의 유대가 끊어집니다. 이제 예수님은 땅의 가족의 생각대로 움직이지 않으십니다. 예수님은 하늘 아버지의 생각대로 움직이시며, 또한 하늘 아버지의 뜻을 따르는 이들과 관계를 맺으십니다. 그렇다고 예수님이 땅의 가족과 완전히 관계를 끊으셨다는 말은 아닙니다. 그저 예수님은 그들이 더 이상 자신에게 이래라저래라 명령할 수 없다는 사실을 일깨워 주신 것이지요.

예수님께서 다른 가족을 바라신 것은 아닙니다. 오히려 예수님의 가족이 다른 가족(구성원)을 바랐던 것처럼 보입니다. 그들은 예수님이 하시는 일에 당황스러움과 난처함을 느끼며, 그저 자신들이 '받아들일 수 있는 수준'에 (예수님이) 머물기를 바랐습니다. 분명 마리아는 자신이 하나님께 받은 부르심을 이해하고 받아들일 수 있었던 사람이었고, 또 누가복음 1:46-55에 기록된 강렬한 노랫말처럼, 그 부르심의 의미를 곰곰이 생각할 정도로 탁월한 사람이었습니다. 하지만 그 부르심을 예수님—즉, 예수님이 누구인지 또 무엇을 해야 하는지—과는 연결 짓지 못했습니다. 마리아는 그저 자신이 속한 사회 안에서 난처함을 느꼈고, 그래서 예수님의 입을 막아 저지시키려고 한 것입니다. 여기서 우리는 서로 다른 두 복음서의 마리아를 함께 다루고 있음을 기억해야 합니다. 이를테면, 누가복음에서 마리아는 하나님의 메시지를 사려 깊게, 곰곰이 생각하는 사람으로 묘사되는 반면에, 마가복음에서는 (탄생 이야기가 없기 때문에) 마리아가 이 시점에서만 나타나 묘사되고 있습니다. 물론 두 복음서가 보여주는 차이는 아마도 마리아 자신보다는, 마리아에 대한 복음서 저자들의 인식과 더 관련이 있을 것입니다.

어찌되었든 우리에게 주어지는 교훈은 변함이 없습니다. 바로 사태를 지켜보고 기다리는 과정에서, 우리가 틀릴 수도 있고, 우리의 이해는 부분적일 수 있으며, 때로 사람들은 우리가 보기에 (제정신이 아닌 정도까지는 아니라하더라도) 그릇된 방식으로 행동할 수 있음을 받아들여야 한다는 것입니다. 물론 이 말이 이따금씩 편견 없는 시선으로 삶을 지켜보며 기다리기만 해야 하고 어떤 일에 직접 나서거나 끼어들어서는 안 된다는 뜻은 아닙니다. 이후에 나의 관점을 바꿔야 할 수도 있음을 겸허히 인정하면서, 앞서 말한 교훈을 우리의 기다림 안에 담아내야 한다는 뜻이지요.

대림절은 기도와 묵상에 깊이 뿌리를 둔 기다림으로 우리를 부릅니다. 그 기다림은 우리가 이해하는 일은 물론이고 이해하지 못하는 일도 받아들이는 것이요, 우리와 함께 기다리시는 하나님은 우리가 온전히 이해하지 못하는 방식으로 모든 일을 헤아리시는 분이심을 인정하는 일입니다.

✝

예수께서 자기의 어머니와 사랑하시는 제자가 곁에 서 있는 것을 보시고 자기 어머니께 말씀하시되 여자여 보소서, 아들이니이다 하시고 또 그 제자에게 이르시되 보라, 네 어머니라 하신대 그 때부터 그 제자가 자기 집에 모시니라(요 19:26-27).

더 읽어 볼 본문: 요한복음 19:25-30

마리아는 인생의 여러 시점에서 십자가를 향해 가는 아들에게 작별 인사를 해야 했습니다. 앞서 우리는 마리아가 그때그때마다 겪었을 슬픔을 엿보았습니다. 옆에서 지켜보기 가장 힘들고 가장 가슴 아픈 일 중 하나는, 자녀의 죽음을 애통해하는 부모의 슬픔을 보는 일입니다. 복음서가 그러한 슬픔에 온전히 초점을 두지는 않지만, 그 슬픔은 복음서의 배경에서 감돌며 전에 없던 황량함과 쓸쓸함을 자아냅니다. 복음서마다 십자가 곁에 있던 여자들에 대해서 조금씩 다르게 이야기하는 데요. 마태복음과 마가복음과 누가복음의 이야기에는 예수님의 죽음을 목격하고 이후 무덤을 찾아온 여자들에 '야고보와 요세(또는 요셉)의 어머니, 마리아'가 포함되어 있습니다. 그런데 유일하게 요한복음에서만 십자가 곁에 서 있는 '그(예수)의 어머니'로 묘사됩니다. 이 이야기들을 양립시키려는 시도들이 많았습니다. 하지만 그 내용들이 상당한 차이를 보이므로 각기 다른 전승들을 반영하고 있다고 생각할 수도 있겠습니다.

실제로 요한복음의 이야기에만, 예수님께서 마리아와 '사랑하시는 제자'를 어머니와 아들의 관계로 이어주시는 내용이 있습니다. 이 내용을 이해하려면 요한복음의 처음 부분으로, 즉 예수님의 (이름이 나오지 않는) 어머니를 처음으로 보게 되는 가나 혼인 잔치의 이야기로 되돌아가야 합니다(요한복음은 처음부터 끝까지 예수님의 어머니의 이름을 밝히지 않습니다). 많은 사랑을 받는 이 유명한 이야기 안에서, 마리아는 혼인 잔치 자리에 포도주가 떨어지자 예수님께 와서 사정을 설명합니다. 그때 예수님은 "여자여, 나와 당신에게 무슨 상관이 있습니까?"(요 2:4)라고 대답하십니다. 이 말씀의 난제 중 하나는, 예수님이 어머니를 부르는 호칭인 "여자"가 무례한 말인지 공손한 말인지, 또 "나와 당신에게 무슨 상관이 있습니까"라는 질문이 냉담하고 무심한 질문인지, 호기심 어린 질문인지를 파악하는 것입니다.

십자가에서의 이야기와 혼인 잔치의 이야기를 비교해 보면 약간의 도움을 얻을 수 있습니다. 요한복음에서 예수님은 어머니에게 딱 두 번 말을 하시는데요. 두 경우 모두 어머니를 "여자여"라고 부르십니다. 예수님이 십자가에서 어머니를 부르는 두 번째 경우(요 19:26)를 보면 분명 긍휼히 여기시는 마음이 담겨 있으므로, 첫 번째 경우(요 2:4) 역시 무례한 호칭으로 이해되어서는 안 될 것입니다. 그렇지만 이 두 이야기가 암시적으로 연결된다는 점이 훨씬 더 중요한 부분입니다. 혼인 잔치에서 어머니의 말에 대한 반응으로, 예수님은 "내 때가 아직 이르지 아니하였나이다"(요 2:4)라고 외치시는데요(이 어머니는 예수님이 그때에 이르렀을 때에야 다시 등장합니다). 때가 아직 이르지 않았다는 예수님의 표현은, 흔히 그분의 때가 오기 전에는 예수님께서 표적(sign)을 행하실 수 없다는 뜻으로 해석되곤 합니다. 그렇지만 그러한 해석은 논리적이지 않습니다. 예수님은 분명 요한복음 전반부에서 다른 표적들을 행하고 계시기 때문입니다. 따라서 요한복음에서 예수님의 때가 이르렀을 때에야 그분의 어머니가 다시 등장한 것은, 예수님의 때가 이르기 전에는 예수님과 어머니의 관계가 완전히 파악될 수도 없고 인정되지도 못함을 가리키는 듯합니다. 그리고 마침내 예수님의 때가 이르면 비로소, 그 둘의 관계가 완전히 파악되고 인정되어 존중을 받을 수 있게 되리란 것이죠.

여기서 요한복음의 저자가 좋아하는 '역설'이 또다시 등장합니다. 예수님께서 죽음을 맞이하는 바로 그 순간에 그분의 영광이 충만하게 드러났듯이, "나와 당신에게 무슨 상관이 있습니까?"(요 2:4)라는 질문 역시 둘의 관계가 단절되는 그 순간에 진정한 대답이 드러납니다. 정말로 예수님과 어머니의 관계가 얼마나 깊었는지는, 사랑하시는 제자에게 그 모자 관계를 넘겨주실 때 분명해집니다. "나와 당신"에게는 정말로 상관(관계)이 있었고, 그 관계(아들과 어머니, 어머니와 아들 사이의 관계)는 이제 사랑하시는 제자와의 새로운 관계 속에서 세워집니다.

요한복음에서 예수님의 죽음은 가려졌던 모든 것이 분명하게 드러나는 영광의 순간입니다. 요한복음의 수난 이야기에서 드러나는 특징 중 하나는 예수님이, 여러 사람들―가룟 유다(요 6:64, 71; 12:4; 13:2, 11, 21; 18:2, 5; 19:11), 유대 지도자들(요 18:30, 35, 36), 빌라도(요 19:16)―의 손에 곧 넘겨지려고 하거나, 실제로 넘겨지는 모습으로 묘사된다는 점입니다. 요한복음의 수난 이야기에서 딱 한 차례 예수님께서도 무언가를 적극적으로 넘겨주시는데요. 요한은 예수님께서 죽으시는 순간에, 예수님이 사람들 손에 넘겨진다고 말할 때 사용한 그리스어와 동일한 단어(파라디도미[*paradidomi*])를 사용하여, 예수님이 자기 영혼을 내어주셨다고 이야기합니다("예수께서 신 포도주를 받으시고서 '다 이루었다' 하고 말씀하신 뒤에, 머리를 떨어뜨리시고 자기 영혼을 내어주셨다[문자 그대로 옮기면 '넘겨주셨다']"[요 19:30, NRSV]). 예수님은 죽음 가운데 그분의 존재를 넘겨주셨고, 그 바로 직전에 마리아를 사랑하시는 제자에게, 사랑하시는 제자를 마리아에게 맡기셨습니다.

그렇다면 요한복음에서 마리아는 얻는 동시에 잃는 사람이라고 할 수 있습니다. 마리아는 예수님을 잃으면서 새 아들을 얻었습니다. 마리아가 (2장, 즉 혼인 잔치 때부터 우리가 기다려온) 마침내 인정을 받을 때, 되려 예수님이 (당신이 진정 누구이신지) 더 큰 인정을 받으십니다. 또한 예수님이 진정 마리아의 아들임이 드러날 때, 그분이 하나님의 아들이심이 더욱 드러납니다. 요한복음이 사랑하는 이러한 역설 속에서, R. S. 토마스가 그의 시, 「무릎 꿇기」에서 말한 아이러니가 더욱 분명해집니다. "제가 말하면, 저를 통해 말씀하시는 분은 하나님인데도 무언가 사라지고 맙니다. 기다림에 의미가 있는 것이니까요."

우리가 대림절을 어렵게 느끼는 이유 중 하나는, 우리가 세상에서 이루어지는 하나님의 개입의 역설—찾으려면 잃어야 하고, 숨기려면 드러내야 하며, 태어나려면 죽어야 한다와 같은 역설들―을 받아들일 것을 (대림절이) 요구하기 때문입니다. 동방박사들이 예수님의 탄생 선물로 몰약(장례를 치를 때 사용하는 향료)을 가져와서, 그분의 탄생의 역설적 성격을 영원히 기억하게 한 데에는 다 그만한 이유가 있습니다. 대림절은 우리를 그러한 하나님의 역설 속으로 부르고 있습니다. 그 속에서 우리가 심오한 진리들을 발견할 수 있도록요.

✝

여자들과 예수의 어머니 마리아와 예수의 아우들과 더불어 마음을 같이하여 오로지 기도에 힘쓰더라(행 1:14).

더 읽어 볼 본문: 사도행전 1:12-23

예수님의 죽음 이후 마리아의 기다림도 끝이 났을 것이라 생각하기 쉽습니다. 그녀가 평생 기다렸던 또 두려워했던 일이 마침내 일어났으니, 이제는 평범한 생활로 돌아가서 기다림 없이 살아갈 수 있게 되었을 것이라고요. 하지만 이 생각은 틀렸습니다. 마리아는 신약성경, 사도행전에서 한 번 더 등장하는데요. 우리는 예수님께서 죽으시고 부활하시고 승천하신 이후에 마리아를 그곳에서 한 번 더 보게 됩니다. 사도행전에 따르면, 예수님이 승천하신 후에 제자들은 예루살렘으로 돌아와 다락방에 머물며, "여자들"과 함께 기도에 전념하는데, 그곳에는 예수님의 어머니 마리아도 있었습니다.

이 장면에 대한 가장 좋은 설명은 그들이 기다림 속에 있었다고 보는 것입니다. 사도행전 1:4("예루살렘을 떠나지 말고 내게서 들은 바 아버지께서 약속하신 것을 기다리라")의 말씀처럼, 예수님께서 그들에게 기다리라고 명령하셨기 때문이죠. 제자들이 기다리는 동안 마리아는 나사렛으로도, '사랑하시는 제자'의 집으로도 가지 않고, 그들과 함께 있었던 것 같습니다. 그렇다면 마리아의 이 마지막 모습은 우리가 복음서 전체에서 보았던 그 모습 그대로라고 할 수 있습니다. 처음에 마리아는 아기의 출생에 대한 하나님의 약속의 성취를 기다렸고, 이제는 '영'에 대한 하나님의 약속의 성취를 기다리고 있으니까요.

마리아는 기다림을 익숙한 경험으로 여겼을까요? 마리아가 갈고닦은 기다림의 기술—예수님의 탄생은 잘 기다렸지만, 사랑하는 아들의 죽음은 그다지 잘 기다리지 못했습니다—은 그녀가 하나님의 영을 기다리는 마지막 절정의 기다림을 잘 견뎌낼 수 있게 해주었을 것입니다. 또 마리아는 함께 기다리고 있는 제자들 사이에서 기다림의 의미가 무엇인지, 다가올 하나님의 임재를 어떻게 하면 능동적으로 기다릴 수 있는지 가르쳤을 수도 있습니다. 이 장면을 소재로 삼은 기독교 미술

작품들을 보면, 제가 묘사한 것처럼 마리아가 제자들 한가운데에 있을 때가 많습니다. 물론 마리아가 정말로 어떤 역할을 맡았는지를 정확히 알 수는 없습니다.

하지만 우리는 이 이야기 속에서 기다림이 (아브라함이 부르심을 받은 이래로 쭉 그래 왔듯이) 중요한 역할을 했다는 것을 분명히 알 수 있습니다. 제자들은 하나님의 영이 오기를 함께 기다렸습니다. 만일 제자들을 비롯한 사람들이 같은 곳에 머물지 않고 각자 고향으로 뿔뿔이 흩어져 버렸다면, 오순절의 극적인 장면은 사라졌을 것입니다. 함께 기다린 덕분에 오순절 체험이 그토록 극적일 수 있었습니다. 제자들을 비롯한 많은 사람들은, 기다림을 통해서 자신들을 향한 하나님의 약속을 받아들일 수 있었습니다. 기도하는 가운데 준비가 되었고 또 그 약속이 성취될 순간을 대비하게 된 것이죠.

이 부분을 조금 매정하게 해석한다면, 그들은 달리 무엇을 해야 할지 몰랐을 뿐이라고 말할 수도 있습니다. 그저 혼란 가운데 어찌할 바를 몰라 불안에 휩싸여 있었던 것이라고요. 다시 말해, 예수님의 죽음과 부활과 승천을 겪고, 어찌할 바를 몰라 그저 할 수 있는 일이라고는 기다리고 기도하는 일뿐이었다는 것입니다. 주님의 약속을 기쁘게 받아들이고 기다렸든 달리 무엇을 해야 할지 몰라서 기다렸든, 소극적인 동기에서 기다렸든 능동적인 동기에서 기다렸든, 결론은 마찬가지입니다. 오순절 성령 강림은 이들이 기다리고 기도한 덕분에 일어날 수 있었다는 결론에는 변함이 없습니다.

그리스도인의 삶의 많은 영역에서 그러하듯이, 기다림은 장차 일어날 일을 위한 기반을 닦는 역할을 합니다. 때로 우리는 달리 할 수 있는 일이 없어서 기다릴 수밖에 없는 처지에 내몰리기도 합니다. 하지만 또 때로는 하나님께서 이끄시는 기다림, 능동적으로 기대해야 하는 기다림 속에서 훈련을 받기도 하는데, 그때의 기다림은 우리가 누구인지, 무엇을 해야 하는지를 깨닫게 해주며, 또한 하나님께서 세상을 변화시키는 가장 놀라운 방식으로 (세상에) 개입하실 수 있게 합니다.

오순절에 제자들과 함께 하나님의 영을 기다리면서 마리아가 정확히 무슨 일을 하고 있었는지는 알 수 없습니다. 그럼에도 제가 떨쳐버리지 못하는 생각이 하나 있는데요. 바로 마리아처럼 오랫동안 기다려본 사람이라면, 제자들이 지금 할 수 있는 유일한 일, 즉 경건하고 능동적인 기다림에 있어서 본을 보여줄 수 있었을 것이라는 생각입니다. 대림절은 기다림을 삶의 방식으로 받아들이고 연습하고 가다듬는 시간, 기다림을 통해 삶의 기초를 놓는 시간입니다. 그러한 시간을 보내야 훗날 무엇을 해야 할지 알 수 없는 때가 왔을 때, 하나님께서 우리 가운데 개입하실 수 있는 현재의 순간을 마련하고, 또 그 가운데서 깊고 고요한 기다림을 누릴 수 있기 때문입니다.

묵상 마무리

마리아는 삶 전체가 기다림으로 이루어진 사람입니다. 기다릴 수밖에 없었던 사람의 대표적인 예라고 할 수 있습니다. 우리가 마리아를 처음 마주했을 때부터, 그녀는 예수님의 탄생을 기다렸고, (예수님이 이 세상에 사시는 동안에는) 예수님을 기다렸으며, 또한 예수님의 죽음을 기다렸습니다. 마리아는 하나님께서 약속하신 좋은 일을 기다린 것도 아니었고, (지금까지 우리가 살펴본 다른 인물들과 같이) 오랫동안 기대했던 일을 기다린 것도 아니었습니다. 오히려 자신이 가장 두려워하는 일을 기다렸습니다. 이러한 유형의 기다림은 지금까지 우리가 살펴본 기다림을 한층 더 새롭고 깊이 있게 만들어줍니다.

어쩌면 제가 지나치게 강조하는 것일지도 모르겠지만, 마리아가 마지막으로 등장한 장면—오순절 동안 예수님의 제자들과 함께 기다리는 장면(행 1:14)—을 보면, 처음으로 마리아가 자발적인 기다림을 보여주는 것 같습니다. 예수님의 생애는 이미 끝났습니다. 이제는 예수님을 기다릴 필요가 없는데도, 마리아는 여전히 기다리고 있습니다. 완전히 다른 선택지가 처음으로 주어졌는데도 마리아는 기다림을 선택한 것인데요. 여기에서 우리는 마리아가 평생에 걸쳐 기다림에 대한 중요한 교훈을 배웠고, 그러한 이유로 심지어 기다릴 필요가 없을 때조차 기다림을 이어가고 있다는 흔적을 보게 됩니다.

우리는 마리아에 대해 아는 것이 많으면서도 동시에 거의 없습니다. 마리아의 삶에 막대한 영향을 끼친 사건들, 마리아의 삶을 만든 사건들은 알지만, 마리아가 각 사건들을 어떻게 이해했는지는 모릅니다. 그녀가 각 사건들과 어떻게 연결되는지도 잘 모르고요. 우리는 마리아가 그녀의 삶의 대부분을 기다림으로 보내야 했다는 것은 알지만, 그 상황을 어떻게 견뎌 냈는지는 모릅니다. 마리아는 기다림 가운데 깊은 이해를 얻었을까요, 아니면 불평과 좌절을 얻었을까요? 그 기다림 덕분에 마리아는 형세를 분명하게 볼 수 있었을까요, 아니면 그다지 차이가 없었을까요? 일단 우리는 대다수 성경의 인물들에 관하여 아는 바가 거의 없다는 점을 인정해야 합니다. 마리아 역시 수수께끼와 같은 인물인데, 이는 앞으로도 변함이 없을 것입니다. 복음서 안에서 마리아는 분명 큰 고통과 큰 기쁨 속에서 예수님의 탄생과 죽음을 기다리며 말없이 서 있는 인물입니다. 기다림의 괴로움과 기다림의 영광을 함께 묵묵히 보여주면서요.

많은 대림절 화환에는 다섯 번째의 흰색 양초가 있습니다. 성탄절이 되면 예수 그리스도를 상징하는 그 양초에 불을 붙입니다. 예수 그리스도는 우리가 아브라함과 사라, 선지자들과 세례 요한 그리고 마리아와 함께 아주 오랫동안 기다려온 분입니다. 예수 그리스도 안에서 우리가 그동안 기다려온 모든 것이 성취될 뿐만 아니라, 기다려오지 않은 모든 것까지도 온전히 성취됩니다. 예수님은 우리의 기다림을 완성시키심과 동시에 그 기다림에 놀라움을 안겨주시고, 우리에게 (끝에 가서야 성취되는) 평생의 기다림으로 향하는 길을 알려 주십니다. 그렇지만 아마도 가장 놀랄 만한 일은, 우리가 기다려온 그 분이 또한 언제나 임재하고 계시다는 사실일 것입니다. 그분은 우리가 기쁠 때도, 슬플 때도, 즐거울 때도, 고통스러울 때도 말없이 우리와 함께 기다리시며, 우리를 하나님의 영광스러운 역설로 이끄십니다. 실제로 하나님은 이미 일어난 일을 기다리라고, 장차 일어날 일을 기억하라고 우리를 부르십니다.

바로 이러한 역설로 인하여, 우리는 기다림이 끝날 때가 다가올수록, R. S. 토마스의 말을 떠올리게 될 것입니다.

하나님, 저로 말하게 하소서. 허나 아직은 아닙니다.
제가 말하면, 저를 통해
말씀하시는 분은 하나님인데도
무언가 사라지고 맙니다.
기다림에 의미가 있는 것이니까요.

기다림의 의미

초판1쇄	2021. 11. 22
지은이	폴라 구더
옮긴이	이여진
편집	김덕원 박선영 최선종
표지디자인	장미림

발행인	이학영
발행처	도서출판 학영
전화	02-853-8198
팩스	02-324-0540
주소	서울시 관악구 남부순환로 168길 68-2
이메일	hypublisher@gmail.com
총판처	기독교출판유통

ISBN	9791197035555 (03230)
정 가	15,000원